MANUAL PROFESIONAL DEL CAPELLÁN

DR. MAXWELL SHIMBA

Publicado en Manhattan, Nueva York, por Shimba Publishing, LLC.

La cita bíblica marcada como KJV proviene de la VERSIÓN REINA VALERA de la Biblia.

Shimba Publishing, LLC

SHIMBA
PUBLISHING

Table of Contents

LA HISTORIA DE LA CAPELLANÍA

La historia de la capellanía se remonta a tiempos antiguos, cuando líderes religiosos acompañaban a los ejércitos en batalla para brindar apoyo espiritual y orientación. Sin embargo, la formalización de la capellanía como profesión data de la Edad Media. El término "capellán" proviene del latín *cappellanus*, que se refiere a un sacerdote o clérigo encargado del cuidado de una capilla.

Durante la Edad Media, los caballeros solían llevar un capellán en sus campañas militares. Los capellanes eran responsables de brindar guía espiritual a los soldados, administrar los sacramentos y realizar ritos funerarios. También cuidaban a los heridos y moribundos, y se encargaban de enterrar a los muertos. Muchos de estos primeros capellanes eran monjes que vivían con los soldados en el campo de batalla.

A medida que los ejércitos crecieron y se volvieron más organizados, el papel del capellán se especializó más. En el siglo XVI, la Reforma Protestante trajo cambios significativos en el rol del capellán. Con la expansión del protestantismo, los capellanes comenzaron a servir no solo a soldados, sino también a marineros, prisioneros y pacientes en hospitales.

Durante la Guerra Civil Estadounidense, los capellanes desempeñaron un papel vital al brindar consuelo y apoyo a los soldados de ambos bandos. Muchos capellanes murieron en combate, y su sacrificio ayudó a establecer la profesión como una parte respetada y necesaria del ámbito militar.

En el siglo XX, la capellanía se expandió a otras áreas más allá del ámbito militar. Los capellanes comenzaron a servir en hospitales, universidades y otras instituciones, brindando apoyo espiritual y emocional a quienes lo necesitaban. Durante la Segunda Guerra Mundial, los capellanes desempeñaron un papel crucial al brindar apoyo espiritual a soldados, marineros y aviadores. Ofrecían asesoramiento, administraban sacramentos y realizaban servicios funerarios.

Después de la guerra, la capellanía continuó creciendo y evolucionando. Las guerras de Corea y Vietnam plantearon nuevos desafíos a los capellanes, quienes se enfrentaron a la tarea de ministrar a soldados en entornos nuevos y difíciles. Durante la Guerra del Golfo, los capellanes ofrecieron apoyo a los soldados en el campo y les ayudaron a enfrentar el trauma del combate.

Hoy en día, los capellanes sirven en una amplia variedad de entornos, desde hospitales y universidades hasta prisiones y corporaciones. Brindan apoyo espiritual y emocional a personas de todas las religiones y antecedentes, y trabajan estrechamente con otros profesionales, como consejeros y trabajadores sociales, para ofrecer un cuidado integral.

En el ámbito militar, los capellanes continúan desempeñando un papel vital al apoyar a los soldados y sus familias. Proporcionan orientación y apoyo durante momentos de estrés y crisis, ayudándolos a enfrentar el trauma del combate. Los capellanes también ofrecen servicios religiosos, administran sacramentos y realizan funerales y memoriales para los soldados caídos.

En los hospitales, los capellanes brindan apoyo espiritual y emocional a los pacientes y sus familias. Trabajan de cerca con médicos, enfermeras y otros profesionales de la salud para garantizar que los pacientes reciban el mejor cuidado posible. Además, ayudan a los pacientes a enfrentar los aspectos emocionales y espirituales de la enfermedad y la recuperación.

En las universidades, los capellanes apoyan a estudiantes de todas las religiones y antecedentes. Ayudan a los estudiantes a enfrentar los desafíos de la vida universitaria y ofrecen oportunidades para el crecimiento y desarrollo espiritual. También proporcionan orientación y apoyo en momentos de estrés y crisis.

En las prisiones, los capellanes brindan apoyo espiritual a los internos y los ayudan a prepararse para su reintegración en la sociedad. Trabajan estrechamente con oficiales correccionales y otro personal penitenciario para garantizar que los internos reciban el apoyo necesario para transformar sus vidas.

Cada vez más, los capellanes están siendo empleados en el mundo corporativo, donde ofrecen apoyo a los empleados que enfrentan estrés laboral y otros desafíos. Ayudan a los empleados a mantener un equilibrio saludable entre el trabajo y la vida personal, además de proporcionar oportunidades para el crecimiento espiritual y el desarrollo personal.

En la tradición cristiana, la capellanía comenzó a formalizarse durante la Edad Media, cuando los caballeros solían llevar a un capellán en sus campañas militares. Los capellanes también estaban presentes en hospitales y otras instituciones, donde brindaban apoyo espiritual y emocional a quienes lo necesitaban.

Durante la Reforma Protestante en el siglo XVI, la capellanía adoptó un papel más diverso, con ministros acompañando no solo a soldados, sino también a marineros, prisioneros y pacientes hospitalarios. A lo largo de los siglos, el rol del capellán continuó evolucionando, sirviendo ahora en una amplia variedad de entornos, como el ámbito militar, hospitales, universidades y prisiones.

Hoy en día, capellanes de diversas religiones continúan brindando apoyo espiritual y emocional a las personas necesitadas, a menudo trabajando en asociación con otros profesionales en áreas como la consejería y el trabajo social.

Por lo tanto, aunque la historia de la capellanía se remonta a tiempos antiguos, la formalización de la profesión data de la Edad Media. Los capellanes han desempeñado un papel fundamental al proporcionar apoyo espiritual y emocional a soldados, marineros y otras personas en diversas circunstancias.

INTRODUCCIÓN

Los capellanes son líderes espirituales que brindan apoyo y orientación a personas en diversos entornos, incluidos hospitales, hospicios, prisiones, bases militares y otras instituciones. Sirven a personas de todas las religiones y creencias, proporcionando cuidado espiritual y consejería a quienes atraviesan momentos difíciles y desafiantes en sus vidas. El rol de un capellán es multifacético y requiere una profunda comprensión de las necesidades y preocupaciones de aquellos a quienes sirven.

Uno de los roles principales de un capellán es brindar apoyo emocional y espiritual a individuos y familias en crisis. Ofrecen una escucha atenta y un corazón compasivo, ayudando a los pacientes y a sus seres queridos a encontrar paz y consuelo en medio de circunstancias difíciles. Pueden ofrecer oración, meditación u otras prácticas espirituales para ayudar a las personas a conectarse con su fe y encontrar significado y propósito en sus vidas.

Los capellanes también ofrecen servicios religiosos y realizan sacramentos, como bautismos, bodas y funerales. Pueden dirigir servicios de adoración, predicar sermones o administrar la santa comunión, según las necesidades de la comunidad a la que sirven. Trabajan estrechamente con otros líderes religiosos y pueden colaborar en eventos y programas interreligiosos.

Además de brindar cuidado espiritual y consejería, los capellanes desempeñan un papel importante en la promoción de la sanación y el bienestar. Trabajan con profesionales de la salud para crear un enfoque holístico del cuidado, abordando las necesidades físicas, emocionales y espirituales de los pacientes. Pueden ofrecer orientación sobre nutrición, ejercicio, reducción del estrés y otras áreas que contribuyen al bienestar general.

Los capellanes también actúan como defensores de los pacientes y sus familias, asegurándose de que sus necesidades sean satisfechas y sus voces sean escuchadas. Trabajan con los proveedores de atención médica para desarrollar planes de cuidado que respeten las creencias culturales y espirituales, y pueden ayudar a los pacientes a navegar el sistema de salud para acceder a los recursos que necesitan.

Otro rol importante de los capellanes es brindar apoyo al personal y a los voluntarios que trabajan en el ámbito de la salud y otras instituciones. Ofrecen consejería, sesiones de desahogo emocional y apoyo a quienes pueden estar lidiando con la carga emocional de cuidar a otros. También proporcionan capacitación y educación en temas como sensibilidad cultural, cuidado al final de la vida, y duelo y pérdida.

Los capellanes pueden trabajar en una variedad de entornos, desde hospitales y hospicios hasta prisiones y bases militares. También pueden actuar como primeros en responder en momentos de crisis, brindando apoyo y orientación a las personas afectadas por desastres naturales, tiroteos masivos u otros eventos traumáticos.

En general, el rol de un capellán es brindar cuidado espiritual y apoyo a individuos y familias en necesidad. Ofrecen una presencia compasiva y una escucha atenta, ayudando a las personas a encontrar esperanza, sanación y paz en medio de circunstancias difíciles. Su trabajo es vital para el bienestar de quienes sirven, y su impacto se siente no solo en los individuos, sino también en las comunidades e instituciones a las que asisten.

CALIFICACIÓN

Los requisitos de educación y capacitación para los capellanes varían según el tipo de capellanía y la institución u organización que los emplee. Algunos capellanes pueden necesitar solo un diploma de escuela secundaria y una capacitación especializada en su campo, mientras que otros pueden requerir títulos avanzados y certificaciones.

En general, los capellanes que trabajan en entornos de atención médica, como hospitales o hospicios, suelen necesitar al menos un título de licenciatura, preferiblemente en teología, estudios religiosos o un campo relacionado. Algunas instituciones pueden requerir un título de maestría o superior, así como una certificación de una organización de capellanía reconocida.

Los capellanes que trabajan en el ámbito militar, en instalaciones correccionales u otras agencias gubernamentales también pueden tener requisitos específicos de educación y capacitación, incluyendo la finalización de un programa de capellanía a través de la organización correspondiente.

Es importante destacar que a menudo se requiere que los capellanes tengan capacitación especializada en áreas como consejería, intervención en crisis y ética. Muchos programas de capellanía incluyen cursos y entrenamientos en estas áreas para preparar a los capellanes para los desafíos únicos que pueden enfrentar en su rol.

Por lo tanto, aunque no siempre se requiere un título para convertirse en capellán, es recomendado y, en muchos casos, exigido por las instituciones y organizaciones que emplean capellanes.

Además, la capacitación especializada y la certificación suelen ser necesarias para garantizar que los capellanes tengan las habilidades y el conocimiento necesarios para servir eficazmente a sus comunidades.

CAPÍTULO 01

LA CAPELLANÍA

¿Qué es la Capellanía?

La capellanía es una forma de cuidado espiritual proporcionado por un capellán, quien generalmente es un líder religioso o miembro del clero. Los capellanes están capacitados para ofrecer apoyo emocional y espiritual a personas que enfrentan situaciones difíciles o traumáticas, como enfermedades, lesiones, duelo o encarcelamiento. Pueden trabajar en una variedad de entornos, incluidos hospitales, hospicios, prisiones, bases militares y universidades, entre otros.

El papel de un capellán es proporcionar una presencia compasiva y sin prejuicios, escuchar y ofrecer orientación, y facilitar conexiones con recursos religiosos o espirituales según lo desee la persona. Aunque los capellanes suelen estar afiliados a una tradición religiosa específica, generalmente sirven a personas de todas las religiones y creencias, e incluso trabajan con aquellos que no son religiosos.

Los capellanes no ministran a una congregación, sino al público en general, donde el ministerio no se realiza en un edificio de iglesia ni en un ministerio "paraeclesiástico", sino en un entorno institucional.

Ejemplo: Las personas que se identifican con una religión suelen asistir a servicios religiosos. Para estas personas, asistir a los servicios en templos, iglesias u otras estructuras religiosas es una parte fundamental de sus creencias. Sin embargo, ocasionalmente, los miembros de una religión pueden no ser capaces de asistir a los servicios en su lugar habitual de culto. Es en esos momentos y ocasiones cuando pueden depender de los servicios de un capellán.

Las personas que forman parte de esta comunidad de capellanía pueden llevar uniformes militares, batas de hospital, cascos de seguridad, insignias o uniformes anaranjados de prisión. Al igual que el apóstol Pablo, los capellanes suelen ser "fabricantes de tiendas": generalmente tienen trabajos administrativos e institucionales además de su ministerio. Pero eso es aceptable para los capellanes, ya que desempeñar esos roles "no ministeriales" los coloca en lugares donde las personas – personas con necesidades que normalmente nunca cruzarían las puertas de una iglesia (y mucho menos hablarían con un ministro) – vienen a interactuar con el capellán.

El capellán está allí para escuchar, cuidar y responder adecuadamente a la agenda del cliente. Así es el ministerio de la capellanía.

Servicios de un Capellán

Existen numerosos tipos de capellanías. A continuación, se presenta una breve descripción de algunos de los tipos más comunes y sus requisitos.

Los servicios de un capellán pueden variar según el entorno en el que trabajen, pero generalmente, su papel principal es ofrecer cuidado y apoyo espiritual a individuos y grupos. Algunos de los servicios comunes que proporcionan los capellanes incluyen:

1. **Consejería y orientación espiritual:** Los capellanes ofrecen una escucha atenta y orientación sobre temas espirituales a personas que enfrentan situaciones desafiantes o crisis personales.
2. **Servicios religiosos:** En algunos contextos, los capellanes pueden dirigir servicios o ceremonias religiosas, como oraciones, bendiciones o funerales.

3. **Apoyo emocional:** Los capellanes brindan apoyo emocional a individuos y familias en momentos difíciles, como enfermedades, duelo o separación de seres queridos.
4. **Defensa y referencia:** Los capellanes pueden abogar en nombre de las personas y ayudarlas a conectarse con recursos o servicios adecuados, como consejería, asistencia financiera o ayuda legal.
5. **Educación y capacitación:** Los capellanes pueden proporcionar educación y capacitación al personal y a los voluntarios sobre temas relacionados con el cuidado espiritual, la diversidad y la sensibilidad cultural.
6. **Creación de comunidad:** Los capellanes trabajan para fomentar un sentido de comunidad y pertenencia entre las personas bajo su cuidado, ofreciendo oportunidades para la oración, la meditación u otras prácticas espirituales.
7. **Intervención en crisis:** En situaciones de emergencia, los capellanes pueden brindar intervención en crisis y apoyo emocional a los socorristas y a las personas afectadas por la crisis.

En general, los servicios de un capellán están diseñados para proporcionar apoyo emocional y espiritual, y para ayudar a individuos y comunidades a enfrentar situaciones difíciles con compasión y cuidado.

En resumen: Los servicios de un capellán son comúnmente requeridos por aquellos que se encuentran en:

- **Correccionales – Prisiones**
- **Confinados en el hogar**
- **Atención médica**
- **Cuidado de hospicio o paliativo**
- **Hogares de ancianos**
- **Justicia social**
- **Militar**
- **Lugares de trabajo**
- **Entornos educativos**
- **Consejería profesional**

¿Quién es un Capellán?

Un capellán es una persona que brinda cuidado y apoyo espiritual a individuos y grupos en diversos entornos, como hospitales, hospicios, instituciones militares, prisiones, universidades y más. Los capellanes pueden ser miembros ordenados del clero, pero también pueden ser laicos que han sido capacitados y autorizados para proporcionar cuidado espiritual.

Por lo general, los capellanes están afiliados a una tradición religiosa específica, pero sirven a personas de todas las religiones y creencias, así como a aquellas que no se identifican con ninguna religión en particular. Ofrecen apoyo emocional y espiritual a individuos y familias que enfrentan situaciones difíciles, como enfermedades, muerte o traumas, y pueden proporcionar consejería, oración u otras prácticas espirituales según sea necesario.

Los capellanes también trabajan para construir relaciones con las comunidades a las que sirven, ofreciendo educación y capacitación en temas relacionados con la espiritualidad, la sensibilidad cultural y la diversidad. Pueden colaborar con otros profesionales de la salud o proveedores de servicios para garantizar que las personas reciban el apoyo y los recursos que necesitan. En general, los capellanes desempeñan un papel fundamental en el apoyo al bienestar espiritual y emocional de individuos y comunidades.

Esencialmente, un capellán es un representante espiritual vinculado a una institución secular. Los capellanes pueden o no estar certificados, tener educación teológica, o estar ordenados o comisionados por una denominación específica, aunque muchos lo están. Aunque la capellanía ha estado tradicionalmente asociada con representantes de la fe cristiana, el término ahora se utiliza para representantes de cualquier fe. Algunos capellanes deben representar múltiples religiones, actuando como un recurso espiritual neutral.

Un capellán ofrece cuidado espiritual a personas fuera del contexto de una iglesia.

Como capellán voluntario, se espera que ministres a personas de diferentes orígenes religiosos, espirituales y culturales. Tus principales tareas como capellán incluirán escuchar, consolar y orar con personas que necesiten apoyo espiritual en situaciones difíciles. Recuerda: escucha, consuela, ora y apoya.

Como capellán, debes ser "todo para todos" sin comprometer tu propia fe, al mismo tiempo que respetas la fe de los demás. Ser capellán no significa ser pastor, sacerdote o algún otro líder religioso, sino un servidor de todas las personas, independientemente de tu fe. Un capellán debe tener el corazón de un voluntario.

Militar: Los jóvenes que se preparan para ir a la guerra necesitan cuidado pastoral. Existen capellanes en servicio activo, reservas y la Guardia Nacional en el Ejército, la Fuerza Aérea, la Marina, los Marines y la Guardia Costera. Los requisitos incluyen un título de licenciatura y una Maestría en Divinidad, generalmente obtenidos antes de cumplir los cuarenta años. La Fuerza Aérea y la Marina también patrocinan capellanías voluntarias en programas como el Civil Air Patrol y Sea Cadet, respectivamente.

Una nota de preocupación en noviembre de 2014: Parece haber cierta confusión sobre los roles, responsabilidades y oportunidades dentro de la capellanía militar. Algunos organismos de respaldo parecen pensar que producir capellanes es un "derecho" de su grupo religioso, y, lo que es más preocupante, que los capellanes tienen el "derecho" (y quizás un mandato divino) de evangelizar y proselitizar al personal militar y sus familias según lo consideren apropiado. Esto no es lo que creo que los Padres Fundadores tenían en mente cuando establecieron la capellanía militar en 1775.

A medida que nuestra nación se vuelve cada vez más diversa en términos religiosos y filosóficos, también lo hace el ejército de nuestra nación. Los capellanes que sirven hoy en nuestras fuerzas armadas deben ser profundamente conscientes de sus responsabilidades y del impacto potencial dentro de este contexto único para el ministerio y la influencia.

En el Huffington Post (ver *Religious Accommodation — A Wolf in Sheep's Clothing*), un avalista escribió:

*"Los capellanes militares existen, ante todo, 'para realizar o proveer el libre ejercicio de la religión'. Existe una confianza institucional sagrada de que los capellanes deben reservar su teología y credos para los servicios de culto formales y/o la consejería pastoral privada, invitada por el cliente. Las presentaciones sobre prevención del suicidio y otras presentaciones obligatorias, ceremonias y formaciones de personal NO son el momento para expresar opiniones

teológicas ni sermonear. Los capellanes deben, y están obligados, a ser sensibles a las necesidades de T-O-D-O-S en su cuidado espiritual y responsabilidad institucional, y nunca deben intentar proselitizar o incluso opinar cuando esto pueda ser interpretado como coercitivo o como una influencia indebida.

Pensaría que tales acciones, en el contexto de formaciones y presentaciones obligatorias e incluso columnas escritas en publicaciones oficiales de unidades, podrían interpretarse fácilmente como políticas o posiciones patrocinadas o respaldadas por el mando y, como tal, probablemente serían violaciones de esa confianza sagrada, si no completamente ilegales.

Si los capellanes militares profesionales se sienten incómodos trabajando con sensibilidad, adherencia sincera y respeto genuino hacia sus roles adecuados en dichos contextos, puede ser momento de que algunos capellanes reconsideren su sentido de llamado y definición de ministerio, antes de que el ejército se vea obligado a tomar medidas para garantizar los derechos, así como la seguridad (laboral y emocional) del personal."*

Atención médica:

Los hospitales civiles, los hospicios y el Departamento de Asuntos de Veteranos contratan capellanes profesionales. ¿Quién mejor para alcanzar a los desesperados, heridos y moribundos de la sociedad que capellanes compasivos y bien capacitados? Para ser capellán en el ámbito de la salud, generalmente se requiere un título de licenciatura, una Maestría en Divinidad o un título equivalente, y un año de formación pastoral clínica en un contexto de atención médica.

Correccional:

Dios ha dispuesto que los delincuentes tengan la oportunidad de reflexionar sobre sus crímenes contra la sociedad. ¿Quién mejor para acercarse a los perdidos, desesperados y olvidados de la sociedad con un mensaje de liberación y esperanza que un capellán dedicado? Existen oportunidades tanto profesionales como voluntarias en instalaciones federales, estatales y locales de nuestro país. Se dice que el sistema correccional es actualmente la industria de mayor crecimiento en los Estados Unidos. ¿Podría el Señor estar llamándote a ministrar verdadera libertad a aquellos que solo han conocido el cautiverio? ¿O a apoyar a los capellanes que lo hacen? Los requisitos varían según la instalación correccional; la mayoría requiere al menos un título de licenciatura. Las posiciones de voluntariado son abundantes y no requieren títulos académicos.

Lugar de trabajo:

La capellanía en negocios e industrias es un campo nuevo y en crecimiento. Los empleados que no están distraídos por crisis matrimoniales o familiares, alcohol, drogas y otras adicciones, así como por innumerables problemas personales y espirituales, son empleados más seguros y productivos. Los estudios indican que por cada dólar invertido en capellanía laboral, las empresas ahorran entre 4 y 7 dólares debido a la reducción del ausentismo, los accidentes, la intervención médica y de consejería, entre otros factores.

Las especializaciones en el campo de la capellanía laboral incluyen capellanías en sindicatos, paradas de camiones, aeropuertos, puertos marítimos, departamentos de bomberos, departamentos de policía, circuitos de carreras y universidades. Los requisitos para estas capellanías varían considerablemente.

Educación:

Public School Chaplaincy for America™ es la única organización que capacita a clérigos para ministrar a estudiantes, profesores y administradores en las escuelas públicas de los Estados Unidos. Un vistazo rápido a las principales tragedias de los últimos años hace que el mandato para este nuevo género de cuidado pastoral sea dolorosamente evidente. Los requisitos incluyen una capacitación especializada adecuada, una verificación de antecedentes penales y un respaldo eclesiástico.

Consejería Profesional:

Aunque la consejería pastoral profesional no es capellanía, es un ministerio respaldable que necesita desesperadamente representación llena del Espíritu. Los consejeros profesionales cuentan con licencias estatales y/o certificaciones seculares como terapeutas de matrimonio y familia, consejeros en rehabilitación de alcohol y drogas, psicólogos, entre otros.

Los requisitos para los consejeros profesionales generalmente incluyen un título de licenciatura, un título de posgrado en psicología o consejería, y un número determinado de horas en un practicum de consejería supervisado. Aunque estos requisitos pueden parecer estrictos, ¡piensa en el impacto que los consejeros pastorales podrían tener en la vida de aquellos que han perdido el rumbo, así como en las personas de fe que puedan necesitar un poco de ayuda adicional en la vida!

LAS FUNCIONES DE LA CAPELLANÍA

Las funciones de un capellán pueden variar según el entorno en el que trabaje, pero en general, los capellanes tienen las siguientes responsabilidades:

1. **Cuidado espiritual:** Los capellanes brindan cuidado y apoyo espiritual a individuos y grupos, incluyendo oración, consejería y otras prácticas espirituales.
2. **Apoyo emocional:** Los capellanes ofrecen apoyo emocional a individuos y familias en momentos difíciles, como enfermedades, muerte o separación de seres queridos.
3. **Defensa y referencia:** Los capellanes pueden abogar en nombre de las personas y ayudarlas a conectarse con recursos o servicios adecuados, como consejería, asistencia financiera o ayuda legal.
4. **Servicios religiosos:** En algunos entornos, los capellanes pueden dirigir servicios o ceremonias religiosas, como oraciones, bendiciones o funerales.
5. **Educación y capacitación:** Los capellanes pueden proporcionar educación y capacitación al personal y a los voluntarios sobre temas relacionados con el cuidado espiritual, la diversidad y la sensibilidad cultural.
6. **Creación de comunidad:** Los capellanes pueden trabajar para fomentar un sentido de comunidad y pertenencia entre las personas bajo su cuidado, ofreciendo oportunidades para la oración, la meditación u otras prácticas espirituales.
7. **Intervención en crisis:** En situaciones de emergencia, los capellanes pueden brindar intervención en crisis y apoyo emocional a los socorristas y a las personas afectadas por la crisis.
8. **Confidencialidad:** Los capellanes deben mantener la confidencialidad de la información que reciben de

las personas bajo su cuidado, excepto en situaciones donde exista un riesgo de daño para ellos mismos o para otros.

En consecuencia, las funciones de la capellanía se centran en proporcionar apoyo emocional y espiritual, promover un sentido de comunidad y pertenencia, y abogar por las necesidades de las personas bajo su cuidado.

¿Qué hace un capellán?

Un capellán es un cuidador espiritual que brinda apoyo emocional y espiritual a individuos y grupos en diversos entornos, como hospitales, hospicios, bases militares, prisiones y universidades. A continuación, se enumeran algunas de las funciones típicas de un capellán:

1. **Proporciona cuidado espiritual:** Los capellanes ofrecen cuidado y apoyo espiritual a personas de todas las religiones y creencias. Esto puede incluir consejería, oración, meditación u otras prácticas espirituales.
2. **Ofrece apoyo emocional:** Los capellanes brindan apoyo emocional a personas que atraviesan situaciones difíciles, como enfermedades, muerte o traumas. Escuchan, ofrecen consuelo y ayudan a las personas a procesar sus emociones.
3. **Dirige servicios religiosos:** En algunos entornos, los capellanes conducen servicios o ceremonias religiosas, como bautizos, bodas o funerales.
4. **Defiende a las personas:** Los capellanes pueden abogar en nombre de las personas y ayudarlas a conectarse con recursos o servicios, como consejería, asistencia financiera o ayuda legal.
5. **Construye relaciones:** Los capellanes trabajan para establecer relaciones con las comunidades a las que sirven, proporcionando educación y capacitación sobre temas relacionados con la espiritualidad, la sensibilidad cultural y la diversidad.
6. **Proporciona intervención en crisis:** En situaciones de emergencia, los capellanes pueden brindar intervención en crisis y apoyo emocional a los socorristas y a las personas afectadas por la crisis.

7. **Mantiene la confidencialidad:** Los capellanes están obligados a mantener la confidencialidad de la información que reciben de las personas bajo su cuidado, excepto en situaciones donde exista un riesgo de daño para ellos mismos o para otros.

En general, el rol de un capellán es brindar apoyo compasivo y sin prejuicios a individuos y grupos, ayudándolos a enfrentar situaciones difíciles con dignidad y respeto.

Los capellanes dirigen servicios religiosos no denominacionales y brindan apoyo espiritual a quienes no pueden asistir a servicios religiosos organizados. Un capellán puede trabajar en un hospital, una prisión, una universidad o servir como parte del ejército. Aunque los capellanes de prisiones, militares, escolares y hospitalarios trabajan en entornos muy diferentes, todos proporcionan orientación espiritual a personas que no tienen acceso a los servicios religiosos formales ofrecidos por su fe de elección.

Es importante destacar que el trabajo de la capellanía difiere del del pastorado. Los pastores atienden las necesidades espirituales de su congregación, mientras que los capellanes deben atender también las necesidades del mundo secular.

Se espera que los capellanes sirvan las necesidades espirituales y emocionales de otros. Algunos capellanes realizan ceremonias de bodas o funerales, administran la comunión, ofrecen mensajes espirituales, realizan oraciones en reuniones públicas y proporcionan consejería regular. Otros capellanes satisfacen las necesidades del momento, generalmente a través de la escucha y la oración. Los capellanes también pueden actuar como defensores; por ejemplo, los capellanes hospitalarios pueden solicitar a una enfermera que ayude a satisfacer las necesidades específicas de un paciente; los capellanes militares pueden organizar retiros para el enriquecimiento matrimonial.

Los capellanes trabajan en muchos entornos. Más comúnmente, los capellanes están vinculados a las fuerzas armadas, hospitales, departamentos de policía y bomberos, cuerpos políticos (como el Congreso y el Senado de los Estados Unidos), equipos deportivos e instituciones educativas. Algunas corporaciones, grupos musicales e incluso hogares (históricamente la nobleza, y actualmente ciertos monarcas) también pueden emplear capellanes.

Además, los capellanes ofrecen un servicio de cuidado espiritual a personas de todos los ámbitos de la vida. Para ser efectivo en la capellanía, se debe contar con:

- **Capacidad para establecer una relación con los demás mediante habilidades efectivas de escucha.**
- **Habilidad para comunicarse de manera efectiva.**
- **Capacidad para trabajar como miembro del equipo con el personal.**
- **Disposición para trabajar con personas y satisfacer las necesidades espirituales de personas de todas las religiones, edades, géneros, orientaciones sexuales, culturas y razas.**
- **Capacidad para lidiar con el estrés y las crisis.**

Es desde la integridad de su espiritualidad personal que los capellanes son sensibles y comprensivos con las diversas necesidades espirituales y religiosas de las personas a las que sirven. Como capellán voluntario, tus servicios también pueden ser solicitados por miembros del personal. Cada vez más, los miembros del personal recurren a los capellanes en busca de consejo, apoyo y una relación pastoral. Muchas personas ven a los capellanes como amigos que tienen el tiempo para escuchar con absoluta confidencialidad. Los capellanes son considerados únicos entre el personal profesional porque sus servicios se centran principalmente en la religión y la espiritualidad.

El trabajo más importante de un capellán es proporcionar servicios religiosos, orientación espiritual y consejería a quienes lo necesitan. Según *O-Net Online*, un sitio web creado para el Departamento de Trabajo de los Estados Unidos, un capellán ofrece sermones para fomentar la espiritualidad y brindar consuelo.

Un capellán que trabaja en un hospital o en un hospicio brinda consejería y orientación espiritual a los pacientes, sus familias e incluso al personal del hospital. Los capellanes también pueden ofrecer programas educativos o consejería de conversión para jóvenes o prisioneros. Asimismo, los capellanes pueden realizar ritos religiosos como bodas y funerales.

Dependiendo de su entorno de trabajo, los capellanes pueden planificar y coordinar retiros y capacitaciones para otros que realizan servicios religiosos y consejería espiritual.

Datos sobre los Capellanes

Aquí algunos datos sobre los capellanes:

1. La palabra "capellán" proviene del término latino *cappellanus*, que originalmente se refería a una persona encargada de cuidar la capa (*cappa*) de un obispo.
2. Los capellanes sirven en una variedad de entornos, incluidos hospitales, hospicios, bases militares, prisiones, universidades y más.
3. Los capellanes pueden ser miembros ordenados del clero, pero también pueden ser laicos capacitados y autorizados para brindar cuidado espiritual.
4. Los capellanes sirven a personas de todas las religiones y creencias, así como a aquellas que no se identifican con ninguna religión en particular.
5. Los capellanes están capacitados para brindar apoyo emocional y espiritual a individuos y familias que enfrentan situaciones difíciles, como enfermedades, muerte o traumas.
6. Los capellanes pueden ofrecer consejería, oración, meditación u otras prácticas espirituales según sea apropiado.
7. Los capellanes pueden abogar en nombre de las personas y ayudarlas a conectarse con recursos o servicios adecuados.
8. Los capellanes están obligados a mantener la confidencialidad de la información que reciben de las personas bajo su cuidado, excepto en situaciones donde exista riesgo de daño para ellos mismos o para otros.
9. Los capellanes trabajan para construir relaciones con las comunidades a las que sirven, ofreciendo educación y capacitación sobre temas relacionados con la espiritualidad, la sensibilidad cultural y la diversidad.
10. Los capellanes desempeñan un papel fundamental en el apoyo al bienestar emocional y espiritual de

individuos y comunidades, y sus servicios a menudo son muy valorados y apreciados.

Un capellán suele ser un sacerdote, pastor, diácono ordenado u otro miembro del clero. Generalmente, sirven a un grupo de personas que no están organizadas como misión o iglesia, o que no pueden asistir a la iglesia por diversas razones, como problemas de salud, confinamiento o deberes militares o civiles.

Los capellanes son representantes de sus comunidades de fe y, al mismo tiempo, se les exige que vivan el compromiso de esas comunidades hacia el mundo en general. Por lo tanto, los capellanes deben ser conocedores de los caminos del grupo de fe y estar informados e instruidos sobre las bases de sus decisiones y orientaciones. En esta posición y/o función, los capellanes son responsables ante su comunidad de fe de encarnar sus valores éticos y enseñanzas de manera apropiada.

Los capellanes deben enfrentarse a algunas de las experiencias más dolorosas que las personas atraviesan como resultado de enfermedades y lesiones. A menudo, están en una posición única para relacionarse con las personas en estas circunstancias, discernir sus necesidades y proporcionar formas de cuidado pastoral. Los capellanes también promueven el bienestar, fomentan la esperanza y apoyan a las personas durante los períodos de transición de la vida.

Un aspecto importante del propósito y la función del capellán es su capacidad para representar simultáneamente la dimensión espiritual y la encarnación religiosa de la fe para otras personas. Esta externalización lleva al espectador a proyectar en el capellán sus propias opiniones y expectativas, que pueden ser simples o complejas, confusas o claras, apacibles o llenas de ira. Sin comprometer su integridad, se espera que los capellanes expresen las necesidades espirituales de una persona de una manera significativa y relevante.

La dimensión espiritual de la vida expresa propósito y significado. La espiritualidad evoca sentimientos que demuestran amor, fe, esperanza, confianza, asombro e inspiración, proporcionando así sentido y una razón para existir. Esta dimensión adquiere un enfoque particular cuando una persona enfrenta estrés, enfermedad o muerte. Los capellanes deben ser espiritualmente sensibles a las necesidades de aquellos a quienes sirven.

No obstante, es un error pensar que las personas hablan únicamente de asuntos religiosos con los capellanes, y es igualmente un error pensar que estos son los únicos temas que interesan o preocupan a los capellanes. Los capellanes están interesados en todos los aspectos de la vida y el cuidado de las personas a las que atienden.

CAPÍTULO 02

LA COMUNICACIÓN

La comunicación se define como un proceso mediante el cual se intercambia información entre individuos a través de un sistema común de símbolos, signos o comportamientos.

En consecuencia, la comunicación efectiva es una habilidad esencial para los capellanes, quienes deben ser capaces de conectar con individuos y grupos de diversos orígenes y ayudarlos a navegar por situaciones emocionales y espirituales difíciles. A continuación, se presentan algunos principios de comunicación efectiva en la capellanía:

1. **Escucha activa:** Los capellanes deben ser expertos en la escucha activa, lo que implica prestar atención cuidadosamente a lo que las personas dicen, hacer preguntas para aclarar y proporcionar respuestas empáticas.
2. **Competencia cultural:** Los capellanes deben comprender las diferentes tradiciones culturales, religiosas y

espirituales, y ser capaces de comunicarse eficazmente con personas de diversos orígenes.

3. **Actitud no crítica:** Los capellanes deben acercarse a las personas y situaciones sin juicios ni prejuicios, creando un espacio seguro y acogedor para que las personas compartan sus pensamientos y sentimientos.

4. **Empatía:** Los capellanes deben ser capaces de ponerse en el lugar de las personas a las que sirven, demostrando empatía y comprensión por sus luchas y preocupaciones.

5. **Claridad:** Los capellanes deben ser capaces de comunicar sus pensamientos e ideas de manera clara y concisa, utilizando un lenguaje apropiado y comprensible para las personas a las que sirven.

6. **Respeto:** Los capellanes siempre deben tratar a las personas a las que sirven con respeto y dignidad, reconociendo sus creencias y experiencias.

7. **Confidencialidad:** Los capellanes deben ser capaces de mantener la confidencialidad de la información que reciben de las personas bajo su cuidado, creando un ambiente de confianza y seguridad.

Por lo tanto, el arte de la comunicación en la capellanía implica la capacidad de conectar con individuos y grupos de diversos orígenes de manera respetuosa, empática y sin prejuicios, creando un espacio seguro y acogedor para que las personas compartan sus pensamientos y sentimientos.

Reglas de Comunicación

Aunque no existe un conjunto de reglas universal para la comunicación en la capellanía, hay algunos principios generales que los capellanes pueden seguir para mejorar su efectividad como comunicadores. A continuación, se presentan algunas reglas de comunicación que pueden ser útiles para los capellanes:

1. **Escuchar activamente:** Concéntrate en el hablante y dale tu atención completa. Escucha tanto el contenido como la emoción y haz preguntas abiertas para fomentar un diálogo más profundo.

2. **Respetar las diferencias:** Reconoce y respeta las diferencias culturales, religiosas y espirituales. No

impongas tus propias creencias o valores, sino busca comprender la perspectiva del otro.

3. **Usar un lenguaje apropiado:** Utiliza un lenguaje respetuoso, inclusivo y culturalmente sensible. Evita el uso de jerga o términos técnicos que puedan ser confusos u ofensivos.

4. **Ser empático:** Intenta comprender la perspectiva, los sentimientos y las experiencias de la otra persona. Muestra empatía y apoyo, evitando criticar o juzgar.

5. **Hablar con claridad y concisión:** Usa un lenguaje simple y claro, evitando jerga o terminología demasiado compleja. Sé conciso y directo, pero siempre respetuoso y compasivo.

6. **Mantener la confidencialidad:** Respeta la privacidad de la persona con la que te estás comunicando. Mantén la información compartida de manera confidencial, a menos que exista un riesgo de daño para ti o para otros.

7. **Hacer seguimiento:** Si es apropiado, haz un seguimiento con la persona después de la comunicación para verificar su progreso o ofrecer más apoyo.

Consejos adicionales para una comunicación efectiva:

- Aprende a escuchar.
- Sé abierto y honesto.
- Sé considerado, táctico y cortés.
- Sé claro y específico.
- Sé realista y razonable.
- Sé paciente y comprensivo.
- Habla en un tono suave.
- Sé consistente y sincero.
- Sé amable y sonríe.
- No prediques ni des sermones.
- No justifiques ni aceptes excusas.
- Reconoce que cada situación puede ser vista desde diferentes puntos de vista.
- No permitas que las discusiones se conviertan en argumentos destructivos.

- Haz que la efectividad, no la intención, sea el objetivo de tus comunicaciones.
- Acepta todos los sentimientos y trata de comprenderlos.
- Aprende cuándo usar el humor y cuándo ser serio.

Seguir estas reglas de comunicación garantiza la construcción de una relación positiva. Una relación positiva se caracteriza por armonía, conformidad, acuerdo o afinidad en la relación. La clave para construir esta relación es la comunicación, y la comunicación comienza con buenas habilidades de escucha.

El Poder de las Buenas Habilidades de Escucha

El poder de las buenas habilidades de escucha nunca debe subestimarse. Estas habilidades ayudan a los capellanes a brindar un servicio excelente. Cuando una persona escucha correctamente, asegura al hablante que sus problemas son importantes para quien escucha. Sin embargo, las buenas habilidades de escucha no son naturales para los seres humanos. Nuestro cerebro está diseñado para realizar múltiples tareas y se distrae fácilmente. Por lo tanto, para ser un buen oyente, se necesita disciplina, ya que hay una gran diferencia entre oír y escuchar.

Por ello, las buenas habilidades de escucha son fundamentales para los capellanes, quienes a menudo trabajan con personas que enfrentan situaciones emocionales y espirituales difíciles. A continuación, se presentan algunas razones por las que estas habilidades son importantes para los capellanes:

1. **Construye confianza:** Cuando las personas sienten que son escuchadas, es más probable que confíen en quien escucha. Al ser un buen oyente, los capellanes pueden generar confianza con las personas a las que sirven, creando un entorno seguro y de apoyo.
2. **Demuestra empatía:** Las buenas habilidades de escucha demuestran empatía y compasión hacia las personas que comparten sus historias. Esto puede ayudar a los capellanes a comprender mejor sus necesidades y preocupaciones, y a brindar un apoyo más efectivo.
3. **Fomenta la autorreflexión:** Al escuchar activamente a los demás, los capellanes pueden ayudar a las

personas a obtener una visión más clara de sus propios pensamientos y sentimientos, lo que conduce a una mayor autoconciencia y crecimiento personal.

4. **Promueve el diálogo:** Las buenas habilidades de escucha fomentan un diálogo abierto y honesto, permitiendo a las personas expresar sus pensamientos y sentimientos sin temor a ser juzgadas o criticadas.

5. **Mejora la resolución de problemas:** Al escuchar cuidadosamente las preocupaciones de las personas, los capellanes pueden ayudarlas a identificar y abordar los desafíos específicos que puedan estar enfrentando, lo que conduce a una resolución de problemas más efectiva.

6. **Crea un sentido de conexión:** Las buenas habilidades de escucha generan un sentido de conexión y comunidad, fomentando un entorno de apoyo donde las personas puedan compartir sus historias y experiencias con otros.

Por lo tanto, las buenas habilidades de escucha son esenciales para los capellanes, ya que ayudan a generar confianza, demostrar empatía, fomentar la autorreflexión, promover el diálogo, mejorar la resolución de problemas y crear un sentido de conexión. Al escuchar cuidadosamente y con atención a las personas a las que sirven, los capellanes pueden brindar un apoyo emocional y espiritual efectivo y marcar una diferencia positiva en la vida de las personas.

Las palabras que hablamos son muy poderosas, y escuchar verdaderamente es una manifestación de amor.

El poder de nuestras palabras no puede subestimarse. Las cosas que decimos pueden tener un impacto profundo en quienes nos rodean, moldeando su percepción de sí mismos y del mundo que los rodea. Las palabras pueden usarse para elevar, inspirar y alentar, pero también pueden utilizarse para herir, menospreciar y destruir.

Por otro lado, escuchar verdaderamente es una manifestación de amor. Cuando realmente escuchamos a alguien, le estamos mostrando que lo valoramos a él y a sus pensamientos y sentimientos. Le damos toda nuestra atención y le permitimos expresarse sin juicio ni interrupciones. Esto puede ser increíblemente sanador y empoderador para la persona que habla, ya que se siente vista, escuchada y validada.

Desafortunadamente, en nuestro mundo acelerado y a menudo distraído, escuchar verdaderamente se está volviendo cada vez más raro. Muchas personas están más enfocadas en expresar su propio punto de vista o revisar sus teléfonos que en involucrarse realmente con la persona que tienen frente a ellos. Esto puede dejar a otros sintiéndose solos, desconectados y sin importancia.

Pero cuando hacemos un esfuerzo consciente por escuchar verdaderamente a los demás, podemos crear conexiones profundas y significativas con ellos. Podemos aprender de sus experiencias y perspectivas, y podemos ayudarlos a sentirse apoyados y comprendidos. También podemos modelar el tipo de escucha que nos gustaría recibir, creando un efecto dominó de amabilidad y compasión.

En conclusión, las palabras que hablamos son poderosas, y debemos usarlas sabiamente y con intención. Escuchar verdaderamente, por otro lado, es una manifestación de amor y puede ayudarnos a construir conexiones más profundas con quienes nos rodean. Al valorar y respetar los pensamientos y sentimientos de los demás, podemos crear un mundo más empático y compasivo.

Pregunta:

Cuando una persona responde a tus palabras diciendo "te escucho", ¿alguna vez te preguntas si realmente estaba prestando atención a lo que decías? Tal vez te encuentras divagando mentalmente mientras alguien comparte sus pensamientos contigo. Es posible que hayas oído las palabras que se dijeron, pero ¿realmente estabas escuchando su significado?

Oír y escuchar tienen significados bastante diferentes. Oír es un acto pasivo que no requiere esfuerzo. Escuchar, en cambio, es una elección consciente que demanda tu atención y concentración.

Es posible que una persona que dice "te escucho" no haya estado realmente prestando atención a lo que se dijo. La frase "te escucho" a menudo se utiliza como un reconocimiento educado de las palabras de la otra persona, sin necesariamente indicar una comprensión o involucramiento más profundo con el contenido del mensaje.

Escuchar verdaderamente a alguien implica no solo oír sus palabras, sino también involucrarse activamente con lo que está diciendo, buscando comprender su perspectiva y sentimientos, y demostrando empatía y respeto. Requiere enfocar tu atención en la persona que habla y dejar de lado distracciones o ideas preconcebidas que puedan interferir con la comprensión.

Es importante recordar que la comunicación efectiva es un proceso de doble vía que implica tanto hablar como escuchar. Cuando nos comunicamos, debemos esforzarnos por ser claros en nuestra propia expresión y receptivos a las perspectivas de los demás.

Explorando los Niveles de Escucha

ESCUCHAR A RACHAS

Escuchar a rachas es un hábito común que algunas personas tienen. Significa que solo prestan atención parcialmente a lo que se está diciendo y pueden estar distraídos por otros pensamientos o estímulos. Este tipo de escucha puede llevar a malentendidos y problemas de comunicación, ya que se puede omitir o interpretar mal información importante.

Es fundamental practicar la escucha activa, que implica involucrarse completamente con la persona que habla y darle toda tu atención, para promover una comunicación y comprensión efectivas.

ESCUCHA SILENCIOSA/PASIVA

La escucha silenciosa/pasiva es un tipo de escucha en la que el oyente está físicamente presente y no interrumpe, pero no está comprometido activamente en la conversación. Puede parecer que está escuchando, asintiendo con la cabeza y manteniendo contacto visual, pero no está completamente involucrado en la conversación. Este tipo de escucha a menudo conduce a malentendidos y problemas de comunicación, ya que se pueden pasar por alto detalles importantes. El oyente silencioso/pasivo también puede perder señales no verbales y lenguaje corporal que proporcionarían contexto y significado adicionales a la conversación. Es importante que el oyente se involucre activamente en la conversación haciendo preguntas y aclarando puntos para garantizar una comprensión completa.

ESCUCHA ACTIVA

La escucha activa es una habilidad de comunicación que implica enfocarse completamente en lo que el hablante está diciendo, así como observar su lenguaje corporal y tono de voz para comprender las emociones y pensamientos subyacentes.

Las características clave de la escucha activa incluyen:

1. **Prestar atención:** El oyente presta toda su atención al hablante, evitando distracciones e interrupciones externas.
2. **Responder de manera adecuada:** El oyente utiliza señales verbales y no verbales para demostrar que está comprometido y escuchando, como asentir, mantener contacto visual y proporcionar retroalimentación o hacer preguntas de clarificación.
3. **Evitar juicios:** El oyente evita sacar conclusiones precipitadas o hacer suposiciones sobre los motivos o intenciones del hablante, y en su lugar busca comprender su perspectiva sin prejuicios.
4. **Reflejar y parafrasear:** El oyente refleja lo que el hablante ha dicho, utilizando sus propias palabras para asegurarse de que ha entendido correctamente y para mostrar empatía y comprensión.
5. **Resumir y aclarar:** El oyente resume y aclara lo que se ha dicho para garantizar que tenga una comprensión completa de los pensamientos y sentimientos del hablante.

La escucha activa es una habilidad fundamental para los capellanes y otros cuidadores que trabajan de cerca con personas en angustia emocional o enfrentando situaciones desafiantes. Al escuchar y comprender plenamente las preocupaciones de las personas, los capellanes pueden proporcionar un apoyo emocional y espiritual más efectivo que aborde sus necesidades específicas. La escucha activa ayuda a los capellanes a generar confianza con las personas y crear un espacio seguro para que compartan sus pensamientos y sentimientos.

DIFICULTADES PARA ESCUCHAR

Existen varios impedimentos que pueden afectar la capacidad de una persona para escuchar de manera efectiva. Algunos de ellos son:

1. **Impedimentos físicos:** Incluyen pérdida de audición o discapacidades auditivas, lo que puede dificultar escuchar lo que otros están diciendo. En estos casos, el oyente puede necesitar dispositivos de asistencia, como audífonos, para mejorar su capacidad de escucha.
2. **Impedimentos mentales:** Trastornos como el trastorno por déficit de atención e hiperactividad (TDAH) u

otras condiciones de salud mental pueden dificultar la concentración y el enfoque en lo que otros están diciendo.

3. **Distracciones emocionales:** Distracciones emocionales como el estrés, la ansiedad o la depresión pueden afectar la capacidad de una persona para escuchar activamente, lo que puede llevar a una falta de concentración o a estar absorto en sus propios pensamientos y sentimientos.

4. **Diferencias culturales:** Las diferencias culturales pueden crear barreras para una escucha efectiva. El estilo de comunicación, el uso del lenguaje y las señales no verbales de una persona pueden ser diferentes de los demás, lo que puede llevar a malentendidos e interpretaciones erróneas.

5. **Factores ambientales:** Factores como el ruido de fondo o una mala iluminación pueden dificultar escuchar o entender lo que se está diciendo.

6. **Prejuicios personales:** Los prejuicios personales también pueden impactar la capacidad de una persona para escuchar de manera efectiva. Si una persona tiene ideas preconcebidas o juicios sobre el hablante, esto puede influir en cómo interpreta el mensaje.

Es importante ser consciente de estos impedimentos y trabajar para superarlos con el fin de mejorar nuestras habilidades de escucha.

Otras dificultades comunes incluyen:

- Fatiga
- Hambre
- Deshidratación
- Enfermedad
- Uso de teléfonos móviles
- Envío de mensajes de texto

MINISTERIO DE PRISIONES Y CÁRCELES

El ministerio de prisiones tiene un mandato bíblico directo (Mateo 25:31-40). A lo largo de la Biblia hay ejemplos, descripciones y mandamientos relacionados con las prisiones, los prisioneros, la esclavitud, el cautiverio y la opresión. La Biblia menciona la prisión, los prisioneros o el encarcelamiento más de 130 veces. Debemos seguir el ejemplo de Cristo ministrando a los prisioneros. Los prisioneros cumplen con los criterios de cualquier campo misionero: personas perdidas y una necesidad de trabajadores.

El ministerio de prisiones y cárceles implica proporcionar apoyo emocional y espiritual a las personas encarceladas, así como a sus familias y seres queridos. El objetivo de este ministerio es ayudar a las personas en prisión o en la cárcel a encontrar esperanza, sanación y un propósito, independientemente de sus errores pasados o circunstancias actuales. A continuación, se describen algunos aspectos clave del ministerio de prisiones y cárceles:

1. **Alcance:** El ministerio de prisiones y cárceles a menudo implica llegar a las personas encarceladas a través de cartas, llamadas telefónicas o visitas en persona. Los capellanes o voluntarios pueden proporcionar cuidado pastoral, consejería u otras formas de apoyo emocional y espiritual a los internos.
2. **Servicios religiosos:** Muchas prisiones y cárceles ofrecen servicios religiosos, y los capellanes o voluntarios pueden dirigir o participar en estos servicios. Estos servicios pueden proporcionar un sentido de comunidad y apoyo a las personas encarceladas.

3. **Estudio bíblico y discipulado:** Los capellanes o voluntarios también pueden dirigir estudios bíblicos o grupos de discipulado en prisiones y cárceles, ayudando a las personas a crecer en su fe y a desarrollar una comprensión más profunda de los principios espirituales.
4. **Apoyo para la reinserción:** A medida que las personas se preparan para reintegrarse a la sociedad después de su liberación, el ministerio de prisiones y cárceles puede incluir apoyo para su transición. Esto puede incluir capacitación laboral, consejería u otros recursos para ayudarles a reintegrarse con éxito en sus comunidades.
5. **Apoyo a las familias:** El ministerio de prisiones y cárceles también puede incluir apoyo emocional y espiritual a las familias y seres queridos de las personas encarceladas. Esto puede incluir consejería, apoyo en oración y otras formas de asistencia para ayudarles a sobrellevar los desafíos de tener a un ser querido en prisión o en la cárcel.

Por lo tanto, el ministerio de prisiones y cárceles desempeña un papel importante al ayudar a las personas encarceladas a encontrar esperanza, sanación y un propósito, así como al apoyar a sus familias y seres queridos. Al proporcionar apoyo emocional y espiritual, este ministerio puede ayudar a las personas a transformar sus vidas y superar los desafíos del encarcelamiento.

Los capellanes que trabajan en una prisión no pueden ministrar a más de un pequeño porcentaje de los internos bajo su cuidado. No pueden realizar todo el trabajo necesario por sí mismos, ya que simplemente no hay suficiente tiempo para hacerlo. Por cada persona encarcelada, hay de tres a cinco personas más afectadas: parejas, hijos, padres, etc. Los internos y sus familias representan un segmento significativo de la sociedad en cualquier cultura. Como capellán voluntario, puede que tengas que atender a quienes se ven afectados por el encarcelamiento, así como a la persona encarcelada.

Metas Espirituales del Ministerio de Cárceles y Prisiones

Las metas espirituales del ministerio de cárceles y prisiones son brindar a las personas encarceladas la oportunidad de crecer en su fe, profundizar su relación con Dios y encontrar esperanza, sanación y un sentido de propósito. A continuación, se presentan algunas metas espirituales clave del ministerio de cárceles y prisiones:

1. **Fomentar el arrepentimiento:** Una de las principales metas espirituales del ministerio de cárceles y prisiones es alentar a las personas encarceladas a reconocer sus errores y entregar sus vidas a Dios. Los capellanes o voluntarios pueden ofrecer consejería, apoyo en oración y otras formas de orientación espiritual para ayudar a las personas a asumir la responsabilidad de sus acciones y buscar el perdón.
2. **Promover el crecimiento espiritual:** El ministerio de cárceles y prisiones también busca ayudar a las personas encarceladas a crecer en su fe y desarrollar una relación más profunda con Dios. Esto puede incluir dirigir estudios bíblicos o grupos de discipulado, brindar cuidado pastoral u ofrecer otras formas de apoyo espiritual.
3. **Fomentar el perdón:** Otra meta espiritual importante del ministerio de cárceles y prisiones es promover el perdón, tanto hacia uno mismo como hacia los demás. Al ayudar a las personas a comprender el poder del perdón, los capellanes o voluntarios pueden ayudarlas a encontrar paz interior y sanación.
4. **Brindar esperanza:** El ministerio de cárceles y prisiones busca brindar esperanza a las personas encarceladas, recordándoles que son valiosas para Dios y que tienen el potencial de llevar vidas plenas, incluso en medio de circunstancias difíciles.
5. **Apoyar la reintegración:** Finalmente, el ministerio de cárceles y prisiones tiene como objetivo apoyar a las personas encarceladas en sus esfuerzos por reintegrarse con éxito en sus comunidades tras su liberación. Esto puede incluir capacitación laboral, consejería u otros recursos para ayudarlos a construir una nueva vida fuera de la prisión o la cárcel.

En general, las metas espirituales del ministerio de cárceles y prisiones son ayudar a las personas encarceladas a encontrar esperanza, sanación y una relación más profunda con Dios, así como apoyar sus esfuerzos para realizar cambios positivos en sus vidas y reintegrarse con éxito en sus comunidades.

Las metas espirituales del ministerio de cárceles y prisiones pueden incluir una o más de las siguientes:

- Compartir el amor incondicional de Dios.
- Discipular a nuevos creyentes en la Palabra y enseñarles cómo estudiar las Sagradas Escrituras.
- Demostrar el poder de la oración y enseñarles cómo orar.
- Guiar a los internos a experimentar el poder transformador de Dios que los liberará de la culpa, la vergüenza, las emociones negativas y las adicciones.
- Ministrar a las familias de los internos si es factible o práctico.

Metas sociales del ministerio de cárceles y prisiones

Además de las metas espirituales, el ministerio de cárceles y prisiones también tiene importantes metas sociales. Estas metas se centran en ayudar a las personas encarceladas a desarrollar relaciones sociales positivas, adquirir habilidades para la vida y convertirse en miembros productivos de la sociedad tras su liberación. A continuación, se presentan algunas metas sociales clave del ministerio de cárceles y prisiones:

1. **Abordar problemas sociales:** El ministerio de cárceles y prisiones busca abordar los problemas sociales que contribuyen al comportamiento delictivo, como la pobreza, la adicción y la falta de educación. Los capellanes o voluntarios pueden proporcionar consejería, recursos y otras formas de apoyo para ayudar a las personas a superar estos problemas y realizar cambios positivos en sus vidas.
2. **Fomentar la construcción de comunidad:** El ministerio de cárceles y prisiones también puede incluir la construcción de comunidad dentro de las prisiones, proporcionando un sentido de pertenencia y apoyo a las personas encarceladas. Esto puede ayudar a reducir tensiones y conflictos en el entorno de la prisión y fomentar relaciones sociales positivas entre los internos.
3. **Ofrecer capacitación en habilidades para la vida:** Otra meta social importante del ministerio de cárceles y prisiones es proporcionar capacitación en habilidades para la

vida, como formación laboral, gestión financiera y resolución de conflictos. Esto puede ayudar a las personas encarceladas a desarrollar las habilidades que necesitan para tener éxito tras su liberación.

4. **Apoyar la reinserción:** El ministerio de cárceles y prisiones también busca apoyar a las personas mientras se preparan para reinsertarse en la sociedad tras su liberación. Esto puede incluir proporcionar recursos, consejería y otras formas de apoyo para ayudarlas a reintegrarse con éxito en sus comunidades.

5. **Abogar por la reforma de la justicia penal:** Finalmente, el ministerio de cárceles y prisiones puede implicar la defensa de reformas en la justicia penal, abordando problemas como el hacinamiento, la atención médica inadecuada y la falta de recursos para la reinserción. Al abogar por estos cambios, el ministerio puede ayudar a crear un sistema de justicia penal más justo y equitativo.

En general, las metas sociales del ministerio de cárceles y prisiones son ayudar a las personas encarceladas a desarrollar relaciones sociales positivas, adquirir habilidades para la vida y convertirse en miembros productivos de la sociedad tras su liberación. Al abordar problemas sociales, construir comunidad, proporcionar capacitación en habilidades para la vida y apoyar la reinserción, el ministerio de cárceles y prisiones puede ayudar a reducir la reincidencia y promover cambios positivos.

Metas adicionales incluyen:

- Ayudar a los internos a funcionar de manera más positiva dentro del entorno carcelario.
- Proporcionar un puente entre la comunidad y las personas confinadas en instalaciones correccionales.
- Preparar a los residentes para su reinserción en la sociedad (física, mental, moral y espiritualmente).
- Ayudar a las familias de los internos de maneras prácticas.
- Proporcionar asistencia práctica posterior a la prisión.

¿CUÁL ES TU ROL?

Existen millones de creyentes activos en todo el mundo, pero solo un pequeño número está involucrado en el ministerio hacia los prisioneros, a pesar de que hay cárceles y prisiones en casi todas las comunidades. El mandato bíblico, tanto por enseñanza como por ejemplo, es claro; sin embargo, esto no significa que estés llamado a entrar a una prisión. Al igual que en cualquier misión, no todos están llamados a ir a un campo extranjero a compartir el Evangelio. Pero, como en las misiones, cada creyente debería estar involucrado en el ministerio de cárceles de alguna manera.

Es importante que, como Capellán Voluntario, tengas un entendimiento básico del trabajo de los Capellanes de Cárceles y Prisiones. Los capellanes de prisión trabajan largas horas bajo condiciones difíciles. Cada día deben enfrentar muchas responsabilidades, como atender las crisis personales de los internos, proporcionar programas para satisfacer las necesidades espirituales de los internos, y lidiar con las frustraciones y decepciones que son parte integral de la capellanía en prisiones.

Los capellanes de prisión también deben ser aceptables para el director de la prisión en la que van a trabajar. El Capellán de Prisión funciona como el administrador de un programa religioso para toda la institución. El Capellán del personal de la institución se encarga de la enseñanza tradicional, supervisa los programas de educación religiosa, dedica mucho tiempo a la consejería personal y recluta, capacita y supervisa a los Capellanes Voluntarios. Además, realizan diversas actividades administrativas, como gestionar correspondencia, dirigir reuniones y completar informes.

Es fundamental que el Capellán Voluntario mantenga una buena relación con el Capellán del personal. Es una grave violación de confianza usar tu acceso a la prisión para socavar la reputación del Capellán o desacreditar su programa. Si surge un problema, siempre habla primero con el Capellán.

FORMAS DE INVOLUCRARSE

Existen muchas razones para participar en el ministerio de cárceles. Aquí algunas de las más comunes:

1. **Ayudar a otros:** El ministerio de cárceles ofrece una oportunidad única para tener un impacto positivo en la vida de las personas encarceladas. Al brindar apoyo

espiritual y emocional, mentoría y otras formas de asistencia, puedes ayudar a personas que se sienten aisladas, desesperadas y desconectadas de la sociedad.

2. **Cumplir un llamado:** Muchas personas sienten que están llamadas al ministerio de cárceles como una forma de servir a Dios y marcar una diferencia en el mundo. Si sientes un fuerte sentido de propósito o llamado hacia este tipo de trabajo, involucrarte en el ministerio de cárceles puede ser una manera de vivir tu fe y servir a los demás.

3. **Adquirir nuevas perspectivas:** Trabajar en el ministerio de cárceles también puede brindar una oportunidad para obtener nuevas perspectivas sobre el sistema de justicia penal, los problemas sociales y la experiencia humana. A través de tus interacciones con personas encarceladas, puedes obtener ideas sobre las causas fundamentales del crimen y los desafíos que enfrentan quienes están afectados por el sistema de justicia penal.

4. **Construir relaciones:** El ministerio de cárceles puede ser una excelente manera de construir relaciones significativas con personas que pueden tener antecedentes y experiencias de vida diferentes a las tuyas. A través de estas relaciones, puedes aprender cosas nuevas, comprender más profundamente la experiencia humana y desarrollar una mayor apreciación por la diversidad de la humanidad.

5. **Hacer una diferencia en tu comunidad:** Al apoyar a las personas en prisión, también puedes marcar una diferencia en tu comunidad en general. Al ayudar a las personas a reintegrarse con éxito en la sociedad después de su liberación, puedes contribuir a reducir la reincidencia y promover un cambio positivo en tu comunidad.

En resumen, involucrarse en el ministerio de cárceles puede ser una experiencia profundamente gratificante que ofrece la oportunidad de tener un impacto positivo en la vida de las personas encarceladas, adquirir nuevas perspectivas, construir relaciones y marcar una diferencia en tu comunidad.

Toma en cuenta lo siguiente:

- Proporcionar oración y apoyo para los ministerios de prisiones.

- Visitar a los internos.
- Escribir a un prisionero (nunca uses tu dirección personal, utiliza un apartado postal).
- Ayudar a las familias de los internos, cuando sea factible o práctico.
- Realizar servicios de adoración, estudios bíblicos o reuniones grupales dentro de las prisiones bajo la supervisión del Capellán del personal o la administración de la prisión.
- Proveer Escrituras y literatura para los internos.
- Servir como Capellán Voluntario (sin cruzar los límites hacia los roles del personal).
- Sustituir a los Capellanes del personal cuando estén enfermos o de vacaciones.

REALIZAR UN ANÁLISIS DEMOGRÁFICO

Aquí hay preguntas para responder al realizar tu análisis demográfico:

- ¿Qué cárceles y prisiones están en tu área inmediata?
- ¿Existe una asociación ministerial local? ¿Qué están haciendo, si es que hacen algo? ¿Están interesados en el ministerio de cárceles o prisiones? (Si ya tienen un programa y han obtenido acceso a las instituciones locales, tal vez puedas ser parte de él).
- ¿Quién está a cargo de los voluntarios en la institución?
- ¿Cómo se obtiene la autorización para realizar ministerio dentro de la institución? (Contáctalos y averígualo).
- ¿Hay formularios que necesites completar?
- ¿La institución tiene requisitos especiales de capacitación?
- ¿Qué tipo de identificación necesitas para obtener autorización?
- ¿Qué necesidades existen en la institución?

Familiarízate con todos los programas de rehabilitación que se ofrecen en la institución local donde deseas servir, así como con la composición de la población (raza, religión, edades, sexo, etc.) y, si es posible, con la filosofía de la administración respectiva. Adquiere todo el conocimiento que puedas sobre la institución antes de solicitar permiso para proporcionar servicios y/o programas. Si conoces a administradores, oficiales o exinternos, habla con ellos sobre las necesidades y condiciones.

CALIFICACIONES Y PREPARACIÓN

Aquellos que ministran a los internos deben estar seguros de su relación con Dios, dar ejemplos adecuados y estar siempre listos para dar razón de la esperanza que hay en ellos. Aunque una persona llamada a este ministerio debe demostrar todas las virtudes espirituales enseñadas en la Palabra, esta lección enfatiza las calificaciones espirituales que un Capellán Voluntario debe poseer.

CALIFICACIONES ESPIRITUALES

Valentía

Entrar a una cárcel o prisión para ministrar, ya sea de manera individual o grupal, está fuera de la "zona de confort" para la mayoría de los creyentes. No es inusual sentirse incómodo las primeras veces que se ingresa a una instalación penal, pero recuerda que Dios cuidará de ti siempre que estés en Su servicio. En la mayoría de los casos, el Capellán de Prisión es un lugar seguro y los internos suelen ser abiertos y amigables. Si sientes aprensión, recuerda que Dios no nos da un espíritu de temor. Reconoce de dónde proviene el miedo y conquístalo en el nombre de Dios.

Por lo tanto, la valentía es una cualidad a menudo asociada con la fortaleza, la resiliencia y la capacidad de enfrentar la adversidad. En el contexto de la capellanía, la valentía se manifiesta en la capacidad de afrontar situaciones difíciles y ofrecer apoyo y orientación a quienes están luchando, incluso cuando puede ser incómodo o desafiante.

Los capellanes a menudo trabajan en entornos de alto estrés, donde se les llama a brindar apoyo emocional y espiritual a personas que enfrentan desafíos significativos, como enfermedades, traumas o encarcelamiento. En estas situaciones, es importante que los capellanes tengan el valor de enfrentar emociones difíciles y ofrecer apoyo y orientación con empatía y compasión.

Al mismo tiempo, los capellanes también pueden necesitar la valentía para confrontar problemas difíciles o desafiar prácticas injustas o poco éticas presentes en su lugar de trabajo o comunidad.

Esto puede implicar abogar por los derechos de las personas marginadas u oprimidas, o hablar en contra de políticas o prácticas dañinas o poco éticas.

En última instancia, la valentía para actuar frente a la adversidad es un aspecto crítico de una capellanía efectiva. Al demostrar fortaleza, resiliencia y un compromiso con el bienestar de los demás, los capellanes pueden marcar una diferencia significativa en las vidas de aquellos a quienes sirven.

Cooperación

La cooperación es un aspecto fundamental de la capellanía, que implica trabajar junto con otros para lograr objetivos comunes y brindar apoyo y cuidado a quienes lo necesitan. En el contexto de la capellanía, la cooperación puede tomar muchas formas, incluidas la colaboración con otros capellanes o profesionales de la salud, así como trabajar de cerca con individuos y comunidades para identificar necesidades y desarrollar soluciones.

La cooperación efectiva en la capellanía requiere una disposición para escuchar a los demás, estar abierto a nuevas ideas y perspectivas, y trabajar en colaboración para encontrar soluciones a problemas complejos. Esto puede implicar trabajar con comunidades diversas, incluidas aquellas con diferentes orígenes culturales, religiosos o sociales, y ser capaz de adaptar el enfoque para satisfacer las necesidades únicas de cada individuo o grupo.

Además, la cooperación en la capellanía también implica estar dispuesto a apoyar a los demás en su trabajo y ser un jugador de equipo. Esto puede incluir trabajar de cerca con otros capellanes, profesionales de la salud o voluntarios para brindar un cuidado y apoyo integral a quienes lo necesitan.

En última instancia, la cooperación efectiva en la capellanía es esencial para crear un entorno inclusivo y de apoyo que promueva la sanación, el bienestar y el crecimiento de todas las personas y comunidades. Trabajando juntos y apoyándose mutuamente, los capellanes pueden marcar una diferencia significativa en las vidas de quienes sirven.

En consecuencia, hay muchas personas diferentes en la sociedad penitenciaria: internos, oficiales correccionales, enfermeros, médicos, trabajadores sociales, maestros, capitanes, directores y capellanes, sin olvidar a las familias de los internos. La mayoría de las personas que conozcamos probablemente nos tratarán con cortesía y respeto. Asegúrate de ser cortés al hablar, estrecha la mano cuando sea apropiado y usa nombres cuando sea razonablemente posible. Un buen Capellán Voluntario sabe cómo cooperar con la administración, otros voluntarios y los Capellanes del personal si la cárcel o prisión tiene uno.

AUTENTICIDAD

¡Sé real! Los internos son muy hábiles para identificar a las personas falsas. No debemos visitar la prisión con un motivo inadecuado, como buscar pareja o presumir nuestras habilidades.

Por lo tanto, la autenticidad se refiere a ser genuino y sincero en las interacciones con los demás. En el contexto de la capellanía, significa ser fiel a tus creencias y valores, respetando al mismo tiempo las creencias y valores de los demás. Un capellán auténtico no pretende tener todas las respuestas ni ser perfecto, sino que reconoce su propia humanidad y limitaciones mientras se esfuerza por ser empático y solidario con quienes sirve.

Los capellanes genuinos construyen confianza y conexión con sus clientes siendo sinceros y auténticos en sus interacciones y creando un espacio seguro donde las personas se sientan cómodas para expresar sus pensamientos y emociones.

Los prisioneros son extremadamente perceptivos. Pueden detectar rápidamente a la persona que se unió al equipo por curiosidad. Aquellos con motivos egoístas y actitudes de "santo superior" no tienen lugar en este ministerio.

HUMILDAD

Mantén un espíritu humilde. Recuerda que estás allí para servir. Siempre sométete a aquellos en autoridad (el Capellán del personal, los guardias y los directores).

La humildad es una característica esencial para un capellán, ya que implica reconocer las propias limitaciones y respetar la experiencia de los demás. Significa estar dispuesto a escuchar y aprender de otros, reconociendo que nadie tiene todas las respuestas.

Un capellán humilde no busca imponer sus creencias o valores a los demás, sino apoyar a las personas para que exploren sus propias creencias y valores. Están abiertos a la retroalimentación y la crítica constructiva y están dispuestos a admitir cuando se equivocan.

La humildad permite a los capellanes construir confianza y respeto con sus clientes y colegas, creando un espacio seguro y libre de juicios donde las personas puedan buscar orientación y apoyo.

PERDÓN

Fomenta un espíritu de perdón. Reconoce que, si no fuera por la gracia de Dios, podrías estar en una situación similar. Reconoce que el perdón de Dios también se extiende a los internos.

Por lo tanto, el perdón es una característica fundamental de un capellán. En el contexto de la capellanía, el perdón implica ayudar a las personas a dejar ir el resentimiento y la ira hacia sí mismas o hacia otros. Los capellanes pueden apoyar a las personas a explorar las emociones más profundas que pueden estar causando dolor y sufrimiento, ayudándolas a encontrar formas de perdonarse a sí mismas o a otros.

El perdón no significa olvidar o justificar acciones dañinas, sino un proceso de dejar ir las emociones negativas que pueden impedir la sanación y el crecimiento. Al promover el perdón, los capellanes pueden ayudar a las personas a alcanzar una sensación de paz interior, reducir sentimientos de culpa o vergüenza y mejorar su bienestar general.

PERSEVERANCIA

La sociedad, los amigos y la familia han renunciado a muchos internos. No necesitan que alguien más los rechace. Sé paciente. Los voluntarios que comienzan y renuncian desmoralizan a los internos, decepcionan a los capellanes y proyectan una mala imagen de los esfuerzos de la iglesia. Es por esto que la perseverancia es una cualidad esencial para un capellán.

El trabajo de un capellán puede ser desafiante y, a menudo, implica lidiar con personas que atraviesan circunstancias difíciles. Los capellanes pueden enfrentar contratiempos, obstáculos y resistencia en sus esfuerzos por brindar apoyo y orientación a quienes lo necesitan. La perseverancia es la capacidad de seguir adelante frente a la adversidad, mantener una actitud positiva y continuar trabajando hacia los objetivos establecidos.

En la capellanía, la perseverancia significa seguir ofreciendo apoyo y esperanza a las personas, incluso cuando pueden no estar receptivas o no responder. Implica comprometerse con el trabajo de capellanía, incluso cuando es difícil o frustrante, y continuar estando presente para aquellos en necesidad, día tras día. Al encarnar la perseverancia, los capellanes pueden inspirar a otros a perseverar en sus propias luchas y ser una fuente de esperanza y aliento para quienes enfrentan momentos difíciles.

FIDELIDAD

Sé fiel, constante y confiable en el desempeño de tus deberes, especialmente en cumplir promesas y ser puntual en tus citas o servicios. El Capellán de Prisión depende de ti, al igual que los internos. Una visita que puede ser solo una más en tu lista de cosas por hacer, puede ser lo más destacado de la semana de un interno. No los decepciones. Sé fiel a este gran privilegio que Dios te ha confiado.

El compromiso con la consistencia y la confiabilidad es una cualidad muy valorada por los Capellanes del personal que trabajan con Capellanes Voluntarios.

Finalmente, la fidelidad se refiere a la cualidad de ser leal, devoto y comprometido con las creencias, valores y compromisos propios. En el contexto de la capellanía, la fidelidad implica el compromiso del capellán con sus creencias religiosas o espirituales y los principios éticos que guían su trabajo. También implica la fidelidad del capellán hacia las personas y comunidades a las que sirve, incluyendo su disposición a estar presente en momentos difíciles y a apoyarlas en el logro de sus metas espirituales.

La fidelidad requiere que el capellán sea confiable, consistente y comprometido en sus interacciones con quienes sirve, construyendo confianza y conexión con el tiempo.

EMPATÍA

La empatía es la capacidad de sentir con las personas como si estuvieras en su lugar. En el Antiguo Testamento, el profeta Ezequiel se sentó con los cautivos junto al río Quebar antes de compartir el mensaje de Dios con ellos. Estaban listos para escuchar porque sabían que él entendía. Él había "estado donde ellos estuvieron" (Ezequiel 1:1).

Por definición, la empatía es la capacidad de entender y compartir los sentimientos de otra persona. En el contexto de la capellanía, la empatía es una cualidad crítica que permite a los capellanes conectar con aquellos a quienes sirven en un nivel emocional profundo.

Al ponerse en los zapatos de aquellos a quienes sirven, los capellanes pueden comprender mejor sus experiencias, perspectivas y necesidades, y brindar el apoyo emocional y espiritual adecuado. La empatía también ayuda a los capellanes a crear un espacio seguro y sin juicios para que las personas compartan sus pensamientos y sentimientos más profundos, validando sus experiencias sin intentar "arreglarlas" o cambiarlas.

La empatía es esencial para construir confianza, fomentar relaciones significativas y promover la sanación y la plenitud.

SENTIDO DE MISIÓN

Un sentido de misión es la sensación o creencia de que el trabajo o las acciones propias tienen un propósito o significado más elevado, más allá del beneficio personal.

En el contexto de la capellanía y el ministerio de prisiones, tener un sentido de misión significa comprender y abrazar la importancia del trabajo que se realiza y su potencial impacto en las vidas de quienes se sirven.

Aquellos que trabajan en la capellanía y el ministerio de prisiones a menudo tienen un profundo sentido de misión, sintiéndose llamados a servir a quienes son frecuentemente pasados por alto o marginados por la sociedad. Este sentido de misión puede proporcionar motivación, dirección y propósito, incluso frente a desafíos y obstáculos.

Tener un sentido de misión también puede ayudar a los capellanes y ministros de prisiones a mantenerse enfocados en sus objetivos y prioridades, evitando distracciones o tentaciones que podrían desviarlos de su propósito. Proporciona claridad y perspectiva, ayudándolos a ver el panorama general y a mantenerse fieles a sus valores y creencias.

En última instancia, un sentido de misión puede ser una fuerza poderosa para el bien, inspirando a los capellanes y ministros de prisiones a marcar una diferencia positiva en las vidas de aquellos a quienes sirven, y ayudándolos a mantenerse comprometidos y dedicados a su trabajo a largo plazo.

CRECIMIENTO ESPIRITUAL

No solo debes guiar a los internos hacia un nuevo crecimiento espiritual, sino que también debes estar dispuesto y ansioso por crecer personalmente. El crecimiento espiritual se refiere al proceso de desarrollar y profundizar la vida espiritual y las creencias propias. En el contexto de la capellanía, el crecimiento espiritual es esencial para que los capellanes ministren eficazmente a las necesidades espirituales de los demás.

Los capellanes deben involucrarse en prácticas espirituales, buscar orientación espiritual y crecer continuamente en su fe y comprensión.

Algunas maneras en que los capellanes pueden fomentar su crecimiento espiritual incluyen la oración regular, la meditación, el estudio de las Escrituras, asistir a servicios religiosos y buscar mentoría o dirección espiritual de un asesor confiable. También pueden participar en educación continua y capacitación para profundizar sus conocimientos y habilidades en áreas como teología, consejería pastoral y resolución de conflictos.

Al enfocarse en su propio crecimiento espiritual, los capellanes pueden aportar una mayor autenticidad, compasión y empatía a su ministerio, lo que puede tener un impacto positivo en las personas y comunidades a las que sirven.

MADUREZ EMOCIONAL

Cada día trae diferentes sentimientos, pruebas y tribulaciones, pero es importante manejar nuestras emociones y exhibir el fruto del Espíritu (Gálatas 5:22-23), incluso cuando sentimos que no estamos en nuestro mejor momento.

La madurez emocional es la capacidad de manejar y comprender las propias emociones de manera saludable, incluso en situaciones desafiantes. Implica autoconciencia, autorregulación, empatía y habilidades sociales.

En el contexto de la capellanía, la madurez emocional es crucial para construir relaciones con los internos, brindar un apoyo efectivo y manejar situaciones desafiantes o cargadas emocionalmente. Los capellanes con madurez emocional pueden mantener una actitud libre de juicios, mostrar empatía y responder adecuadamente a las necesidades emocionales de los internos.

También son capaces de manejar sus propias emociones de manera saludable y evitar que interfieran con su trabajo. La madurez emocional es una habilidad que se puede desarrollar a través de la autorreflexión, la capacitación y la experiencia.

AMOR

Estudia 1 Corintios 13. La fuerza motivadora más grande detrás de cualquier ministerio, y especialmente del ministerio de prisiones, es el amor. Tu amor por Dios, un amor incondicional por los internos y un amor por la misión a la que Dios te ha llamado son fundamentales.

El amor es una emoción compleja que puede tomar muchas formas, incluyendo empatía, compasión y un profundo sentido de cuidado hacia los demás.

En el contexto de la capellanía, el amor a menudo se expresa a través de actos de servicio, escuchar y brindar consuelo y apoyo a quienes lo necesitan. El amor también puede implicar ayudar a las personas a conectar con sus creencias espirituales y encontrar significado y propósito en sus vidas.

El amor es una fuerza poderosa que puede ayudar a sanar y transformar a las personas, las comunidades e incluso el mundo.

PREPARACIÓN

Existen cuatro áreas fundamentales de preparación para aquellos que desean ser Capellanes Voluntarios de Prisiones efectivos:

1. **Preparación espiritual:** Para ser efectivo como capellán voluntario de prisiones, debes estar espiritualmente preparado para ofrecer orientación y apoyo espiritual a los internos. Esto requiere tener una fe personal sólida y una relación cercana con Dios, además de estar comprometido con el crecimiento y desarrollo espiritual continuo. La oración regular, el estudio de la Biblia y la participación en disciplinas espirituales como la adoración y la comunión son esenciales para la preparación espiritual.

2. **Preparación emocional:** Trabajar en un entorno carcelario puede ser emocionalmente desafiante, por lo que es importante estar emocionalmente preparado para manejar el estrés, el trauma y las emociones difíciles que puedan surgir. Esto implica desarrollar resiliencia emocional,

empatía y compasión, y estar dispuesto a buscar apoyo y cuidado personal cuando sea necesario.

3. **Preparación educativa:** Los capellanes voluntarios de prisiones efectivos deben tener un conocimiento básico del sistema de justicia penal, los problemas que enfrentan las personas encarceladas y los desafíos de la reinserción. Esto requiere una educación y capacitación continua, incluyendo cursos en teología, cuidado pastoral, consejería y justicia penal.

4. **Preparación práctica:** Finalmente, los capellanes voluntarios de prisiones deben estar prácticamente preparados para trabajar en un entorno penitenciario. Esto incluye entender las reglas y regulaciones de la instalación, estar familiarizado con los protocolos de seguridad y tener buenas habilidades de comunicación e interpersonales. Los capellanes voluntarios también deben tener una comprensión clara de su rol y responsabilidades y estar comprometidos a trabajar de manera colaborativa con otros miembros del personal y voluntarios para brindar cuidado y apoyo integral a los internos.

LA ORACIÓN NOS PREPARA

Como en todo ministerio, un ministerio carcelario efectivo se alimenta de la oración. Aquí hay objetivos específicos de oración:

- Los capellanes de la institución.
- Internos individuales.
- Familias de los internos.
- El director y el personal administrativo.
- Oficiales correccionales.
- Seguridad para los voluntarios que ingresan a la institución.
- Necesidades espirituales y prácticas de los liberados condicionales (empleo, vivienda, etc.).
- Sabiduría y conocimiento revelado para satisfacer las necesidades de los internos.
- Muchas capillas penitenciarias tienen una caja de solicitudes de oración. Los internos escriben sus peticiones

y las colocan en la caja para que los capellanes del personal y los capellanes voluntarios oren por sus preocupaciones.

EL ESTUDIO DE LA PALABRA NOS PREPARA

El Capellán Voluntario de Prisiones debe tener un buen conocimiento práctico de la Biblia y del cristianismo básico. La mayoría de los internos no están interesados en los aspectos más complejos de la teología, pero necesitan una presentación clara y comprensible para aprender a estudiarla y entenderla.

Para ser un capellán del personal o voluntario efectivo, debes estudiar continuamente la Palabra de Dios.

El estudio de la Biblia nos prepara para varios aspectos de la vida, incluyendo el crecimiento espiritual y personal, el ministerio y la toma de decisiones. La Biblia contiene principios y enseñanzas que pueden guiarnos en nuestra vida diaria y ayudarnos a desarrollar una relación más profunda con Dios.

A través del estudio de la Biblia, podemos obtener conocimiento y comprensión del carácter de Dios, Su amor por nosotros y Su plan para nuestras vidas. Esta comprensión puede ayudarnos a enfrentar los desafíos de la vida, tomar decisiones sabias y vivir de una manera que honre a Dios.

Además, el estudio de la Palabra también puede ayudarnos a prepararnos para el ministerio al equiparnos con conocimiento y perspectivas sobre los caminos de Dios, Su voluntad para la humanidad y los principios que sustentan la vida cristiana. También puede ayudarnos a desarrollar empatía y compasión hacia aquellos a quienes ministramos, al aprender más sobre sus luchas, miedos y esperanzas.

En resumen, estudiar la Palabra de Dios es esencial para nuestro crecimiento espiritual, desarrollo personal y un ministerio efectivo.

La preparación nos equipa:

Estar preparado y listo para cualquier situación que pueda surgir es crucial en cualquier campo de trabajo, incluida la capellanía. La preparación en la capellanía implica estar equipado con las habilidades, conocimientos y herramientas necesarias para brindar un cuidado espiritual y emocional efectivo a quienes lo necesitan. Esto incluye tener conocimiento sobre diferentes religiones y culturas, comprender la psicología y el comportamiento humano, y ser capaz de responder adecuadamente en situaciones de crisis.

La preparación también implica estar física y emocionalmente listo para las exigencias del trabajo. Esto significa cuidarse a uno mismo mediante el descanso adecuado, ejercicio y prácticas de autocuidado. También significa estar mentalmente preparado para lidiar con los desafíos que puedan surgir en el trabajo de capellanía, como tratar con individuos o situaciones difíciles.

Al estar preparados y listos para cualquier situación, los capellanes están mejor capacitados para brindar el apoyo y cuidado que las personas en crisis o angustia necesitan. Esto puede marcar una diferencia significativa en las vidas de aquellos a quienes sirven, ayudándoles a encontrar la fuerza y la resiliencia para superar sus desafíos.

El conocimiento de una institución específica nos prepara: Hay cinco pasos para prepararse para el entorno institucional específico al que ingresarás:

- **Conocer las reglas de vestimenta y conducta** de la institución específica. Estas varían de una institución a otra.
- **Conocer la cadena de mando** a la que eres responsable como Capellán Voluntario.
- **Saber qué puedes llevar contigo a la institución.**
- **Obtener una comprensión general de las formas en que se puede llevar a cabo el ministerio** dentro de ese sistema.
- **Asistir a clases de capacitación y orientación** ofrecidas por la institución o el Capellán del personal.

RELACIONÁNDOSE CON LOS INTERNOS

PAUTAS PARA RELACIONARSE CON LOS INTERNOS

Los internos han experimentado una gran cantidad de frustración en sus vidas.
Muchos han enfrentado repetidos fracasos y son desconfiados ante

cualquier oferta de ayuda u orientación. Trabajar con internos no puede reducirse a métodos estándar; mucho dependerá de tu buen juicio.

Los internos a menudo experimentan altos niveles de frustración debido a desafíos significativos que han enfrentado, como pobreza, trauma, abuso, adicciones, problemas de salud mental y falta de acceso a recursos y oportunidades. Estas dificultades pueden generar sentimientos de desesperanza, enojo y frustración que contribuyen al comportamiento delictivo.

Además, el entorno carcelario puede ser extremadamente frustrante. Los internos pueden sentirse impotentes y restringidos, con acceso limitado al mundo exterior y pocas oportunidades para hacer cambios significativos en sus vidas. Las reglas y regulaciones de la instalación también pueden resultar frustrantes, especialmente si las consideran injustas o excesivamente restrictivas.

Como capellán voluntario, es importante reconocer y comprender la frustración que los internos pueden estar experimentando. Al ofrecer un oído atento, mostrar empatía y compasión, y brindar apoyo emocional, puedes ayudar a los internos a procesar sus sentimientos y comenzar a encontrar esperanza y significado en sus vidas. Además, al ofrecer orientación y apoyo espiritual, puedes ayudarlos a encontrar un propósito y una conexión con algo más grande que ellos mismos, lo que puede ser un poderoso antídoto contra la frustración y la desesperación.

Sé auténtico, no construyas una fachada ni crees un estatus especial para ti mismo.

Exprésate genuinamente. Hazles saber a los internos que estás allí por preocupación genuina. Como capellán voluntario, serás evaluado para ver si eres real. Los internos verán quién eres antes de escuchar lo que tienes que decir. No les importa cuánto sabes hasta que saben cuánto te importa.

Sé honesto. Los internos son muy sensibles a la hipocresía y las falsedades. Este es un punto importante para quienes desean ser capellanes voluntarios efectivos. Es esencial ser genuino y auténtico en tus interacciones con los internos. Crear una fachada o pretender ser alguien que no eres puede erosionar la confianza y la credibilidad.

También es importante no crear un estatus especial para ti mismo, ya que esto puede generar un sentido de jerarquía y distancia entre tú y los internos. En cambio, enfócate en construir relaciones basadas en el respeto mutuo y la humanidad compartida.

Aprende tanto como puedas del lenguaje relacionado con las prisiones.
Sin embargo, ten cuidado al usarlo, ya que puede haber significados sutiles que desconozcas. Aprender el lenguaje relacionado con las prisiones puede ser muy útil para los capellanes voluntarios. El entorno penitenciario tiene su propia cultura, costumbres y lenguaje únicos, y familiarizarse con estos puede ayudar a los capellanes a comunicarse de manera más efectiva con los internos y el personal.

Algunos ejemplos de términos relacionados con las prisiones incluyen:

- **"Cellie" o "compañero de celda":** Se refiere al interno que comparte una celda con otro interno.
- **"The hole" o "el agujero":** Se refiere a la unidad de segregación donde colocan a los internos en aislamiento por violar las reglas de la prisión.
- **"Chow hall" o "comedor":** Se refiere al lugar donde los internos comen sus comidas.
- **"Canteen" o "cantina":** Se refiere a la tienda de la prisión donde los internos pueden comprar artículos como bocadillos, artículos de tocador y ropa.
- **"Count time" o "conteo":** Se refiere al momento en que el personal de la prisión cuenta a los internos en sus celdas para asegurarse de que nadie haya escapado o esté desaparecido.

Aprender estos y otros términos relacionados con las prisiones puede ayudar a los capellanes voluntarios a comprender mejor las experiencias y perspectivas de los internos y el personal, y construir relaciones más sólidas basadas en la comprensión y el respeto mutuo.

Es importante recordar, sin embargo, que cada instalación puede tener su propio lenguaje y cultura únicos, por lo que es esencial buscar orientación y capacitación del personal y otros voluntarios experimentados.

Aprende a compartir tu mensaje de fe de manera clara y sencilla.

Palabras complejas como "propiciación" y "expiación" no significan mucho para el interno promedio.

- **Comienza con tu historia personal:** Empieza compartiendo tu propia experiencia con la fe y cómo ha impactado tu vida.
- **Mantén la simplicidad:** Usa un lenguaje fácil de entender y evita jerga religiosa que pueda ser confusa para quienes no están familiarizados con ella.
- **Escucha activamente:** Haz preguntas para entender de dónde viene la otra persona y adapta tu mensaje para satisfacer sus necesidades.
- **Sé respetuoso:** Recuerda que todos tienen sus propias creencias y valores, y es importante abordar las conversaciones sobre fe con amabilidad y respeto.
- **Enfócate en el amor:** Enfatiza la importancia del amor, el perdón y la compasión en tu mensaje de fe.
- **Usa ejemplos:** Comparte historias o ejemplos de la Biblia o de tu experiencia personal que ilustren tu mensaje.
- **Ofrece esperanza:** Explica cómo tu fe te ha dado esperanza y anima a otros a encontrar esperanza y significado en sus propias vidas.

Sé sensible durante períodos de crisis.

Durante períodos de crisis, como disturbios, peleas o muertes, es importante que un capellán sea sensible a las necesidades emocionales de los internos y el personal. Esto incluye estar disponible para brindar apoyo emocional, ofrecer oraciones o orientación espiritual, y ser una presencia tranquilizadora durante situaciones caóticas. También es esencial trabajar de cerca con el personal correccional para garantizar que se implementen medidas de seguridad y protección en estos momentos.

Cumple lo que dices.

Que tu "sí" sea sí y tu "no" sea no. Sé consistente y justo. Aplicar las reglas para algunos y relajarlas para otros es inconsistente e injusto, y también una forma de excesiva familiaridad.

Ser genuino y sincero es un aspecto importante de la comunicación efectiva y la construcción de confianza en cualquier relación, incluida la capellanía. Cuando dices algo, es importante que lo digas en serio y cumplas tus compromisos. Esto significa evitar hacer promesas que no puedas cumplir, ser honesto acerca de tus limitaciones y estar dispuesto a admitir errores o malentendidos.

Cuando eres sincero en tus palabras y acciones, ayudas a construir una buena relación con los internos y el personal, estableciendo tu credibilidad y confiabilidad.

Sé solidario, alentador, amigable y firme.

Sé honesto, objetivo y crítico cuando sea necesario. Sé amigable, pero no excesivamente familiar. No fraternices.

Ser solidario, alentador, amigable y firme es crucial en el ministerio de prisiones. Los internos a menudo enfrentan diversos problemas, incluyendo soledad, miedo y desesperanza. Pueden sentirse desconectados del mundo exterior, y muchos han perdido la fe en sí mismos y en los demás. Por lo tanto, es esencial brindar apoyo y alentarlos a construir un futuro mejor para ellos mismos.

Al mismo tiempo, es necesario ser firme, especialmente cuando se trata de mantener las reglas y límites dentro de la prisión. Esto ayuda a establecer un sentido de orden y seguridad, lo cual es beneficioso tanto para los internos como para el personal. Ser amigable y accesible ayuda a crear un ambiente cómodo, lo que puede hacer que los internos sean más receptivos a tu mensaje.

El respeto es clave.

Debes respetar la individualidad y los derechos básicos del interno. Evita prejuicios y sentimientos de superioridad. Responde a las necesidades e intereses del interno, no a los tuyos propios. Una vez que hayas ganado el respeto y la confianza de los internos, se abrirán contigo.

Recuerda siempre que el respeto es, de hecho, un aspecto crucial del ministerio de prisiones. Es importante recordar que los internos son individuos con dignidad humana y deben ser tratados con respeto, independientemente de sus errores pasados o circunstancias actuales. Esto implica escuchar sus historias, preocupaciones y necesidades con empatía, abstenerse de juzgar y ser consciente de sus límites personales.

Además, es importante respetar las reglas y regulaciones de la institución, así como al personal y a otros voluntarios que trabajan allí. Una actitud respetuosa y profesional puede ser fundamental para construir confianza y buenas relaciones tanto con los internos como con el personal, contribuyendo a una experiencia de ministerio más positiva y efectiva.

Nunca permitas que los internos te manipulen con historias dramatizadas de acusaciones falsas, encarcelamiento injusto o maltrato inhumano.

Estas tácticas a menudo se utilizan para generar simpatía. (Si crees que las historias son ciertas, y en algunos casos lo son, informa al interno de tu intención de compartir su historia con el Capellán del personal para que la maneje).

Como capellán voluntario, es importante abordar todas las interacciones con los internos con compasión y empatía, pero también es esencial mantener un nivel de objetividad y no dejarse manipular por sus historias. Algunos internos pueden intentar manipular a los capellanes con historias exageradas o dramatizadas sobre acusaciones falsas o maltratos, o pueden tratar de usar la religión como una forma de ganar simpatía o trato especial.

Si bien es importante escuchar las historias y preocupaciones de los internos, también es crucial mantener límites profesionales y no permitir que estas historias influyan de manera inapropiada. Recuerda que cada persona tiene su propia perspectiva e interpretación de los eventos, y no es el papel del capellán juzgar o tomar partido en asuntos legales o disciplinarios.

Al mismo tiempo, los capellanes pueden ofrecer apoyo y orientación a los internos que puedan estar luchando con sentimientos de injusticia o maltrato, ayudándolos a encontrar formas saludables y productivas de afrontar sus circunstancias. Adoptando un enfoque compasivo pero objetivo, los capellanes pueden ser una fuente de fortaleza y apoyo mientras mantienen estándares profesionales y éticos.

Declaraciones inflamatorias y comentarios descuidados. Es importante evitar hacer declaraciones inflamatorias o comentarios descuidados al participar en el ministerio de prisiones. Dichas declaraciones pueden causar tensiones o conflictos innecesarios con los internos, el personal u otros voluntarios, y también pueden socavar la credibilidad y efectividad de tu ministerio. Es crucial mantener una comunicación respetuosa, consciente y cuidadosa con todos los involucrados en la comunidad penitenciaria.

Inocente o culpable.

Nunca asumas que un interno es inocente o culpable, y no brindes asesoramiento o consejos legales.

Como capellán voluntario, es importante recordar que, independientemente de si un interno es inocente o culpable de su delito, sigue siendo un ser humano que merece respeto y dignidad. No es tu papel juzgarlos o condenarlos, sino ofrecer apoyo espiritual y emocional durante su tiempo de encarcelamiento.

Tratar a todos los internos con imparcialidad y amabilidad puede ayudar a crear un entorno seguro y de apoyo para todos los involucrados.

Detalles personales.

Nunca reveles detalles personales, si tienes conocimiento de ellos, sobre la vida del personal u otros internos. Es importante mantener límites apropiados y no divulgar detalles personales más allá de lo necesario para el trabajo ministerial. También es fundamental respetar la privacidad de los internos y no pedirles que compartan detalles personales, a menos que sean relevantes para su bienestar espiritual o emocional. En general, mantener una actitud profesional y respetuosa es clave en el ministerio de prisiones.

Promesas.

Una buena política es hacer solo las promesas que sabes que puedes cumplir y, preferiblemente, hacer pocas de ellas. Al rechazar una solicitud, explica por qué es necesario hacerlo y expresa tus disculpas.

Cuando trabajas como voluntario en el ministerio de prisiones, es importante ser cauteloso al hacer promesas a los internos. Lo mejor es prometer solo lo que sabes que puedes cumplir y evitar hacer promesas poco realistas que puedan crear falsas esperanzas o decepciones.

También es importante ser consciente de las limitaciones de tu rol y del sistema penitenciario, y no hacer promesas que excedan lo que estás capacitado para realizar. En lugar de eso, enfócate en ser una presencia solidaria y comprensiva, y ofrece ayuda dentro de los límites de lo que puedes proporcionar.

Evita la familiaridad.

Una de las mejores formas de evitar la familiaridad en un entorno grupal es dirigirse a cada miembro del equipo ministerial, así como a los internos, como "hermano" o "hermana", utilizando su nombre de pila o apellido.

Nota: Es importante mantener límites apropiados y evitar volverse excesivamente familiar con los internos. Esto incluye evitar el contacto físico que pueda ser malinterpretado, no compartir información personal que pueda difuminar la relación profesional y evitar comportamientos o lenguaje que puedan parecer coquetos o inapropiados.

Es fundamental mantener una actitud profesional y tratar a todos los internos con respeto y dignidad.

No compartas tu dirección personal ni número de teléfono.

Algunas instituciones hacen que las llamadas sean costosas para los residentes, incluso a nivel local, y a menudo se espera que tú cubras el costo.

Generalmente, no es recomendable que los capellanes voluntarios de prisiones compartan su dirección personal o número de teléfono con los internos o sus familias. Esto es por razones de seguridad y privacidad, ya que puede ser difícil conocer las intenciones y motivaciones de las personas en un entorno penitenciario.

En su lugar, se recomienda que los capellanes proporcionen un punto de contacto designado, como un número de oficina o una dirección de correo electrónico, donde puedan ser contactados durante horas específicas. Esto ayuda a mantener límites profesionales y garantiza que la comunicación se enfoque en el rol del capellán como asesor espiritual y apoyo emocional, en lugar de volverse excesivamente personal o invasiva.

Además, es importante que los capellanes sigan todas las pautas y regulaciones de la instalación en cuanto a la comunicación con los internos y sus familias. Esto puede incluir obtener permiso del personal de la prisión antes de contactar a un interno o a sus familiares, y adherirse a protocolos específicos sobre el contenido y la frecuencia de la comunicación.

Siguiendo estas pautas y manteniendo límites apropiados, los capellanes voluntarios pueden brindar un apoyo valioso y orientación a los internos mientras garantizan su propia seguridad y privacidad.

Por qué el residente está en prisión.

Nunca preguntes por qué los residentes están en prisión.

Como capellán voluntario, es importante respetar la privacidad y confidencialidad de los internos y no indagar en los detalles sobre por qué están en prisión. En la mayoría de los casos, los internos compartirán sus historias y experiencias de manera voluntaria si se sienten cómodos y confían en el capellán.

Sin embargo, es importante recordar que los internos están en prisión para cumplir una condena por un delito y que sus acciones pasadas pueden haber causado daño a otros o violado la ley.

Si bien no es el papel del capellán juzgar o castigar a los internos por sus acciones pasadas, es importante mantener límites profesionales y no condonar ni justificar el comportamiento delictivo.

En su lugar, los capellanes pueden enfocarse en brindar apoyo emocional, orientación espiritual y oportunidades para el crecimiento personal y la transformación. Al crear un ambiente seguro y de apoyo para que los internos exploren sus creencias, valores y motivaciones, los capellanes pueden ayudarlos a desarrollar un sentido de propósito y significado que facilite un cambio positivo y los ayude a reintegrarse con éxito en la sociedad después de su liberación.

Excesiva familiaridad.

La excesiva familiaridad puede ser un problema potencial en el ministerio de prisiones. Es importante mantener límites profesionales y evitar involucrarse demasiado emocionalmente con los internos. Esto puede llevar a una falta de objetividad y comprometer la efectividad de tu ministerio.

Es fundamental tratar a todos los internos con respeto y compasión, pero también mantener límites adecuados para evitar malentendidos o problemas potenciales.

Realizar negocios personales para los internos.

Como capellán voluntario, es importante mantener límites profesionales y evitar realizar negocios personales para los internos. Esto incluye tareas como hacer llamadas telefónicas, enviar cartas o paquetes, o manejar transacciones financieras en nombre de los internos.

Si bien es comprensible que los internos puedan necesitar ayuda con ciertas tareas, no es el papel del capellán actuar como asistente personal o intermediario. En su lugar, los capellanes pueden brindar orientación y apoyo para que los internos encuentren recursos y apoyo dentro del sistema penitenciario, como trabajadores sociales o consejeros que estén mejor capacitados para ayudar con necesidades específicas.

Al mantener límites adecuados y remitir a los internos a recursos apropiados, los capellanes pueden evitar conflictos de interés y asegurarse de que su rol se enfoque en brindar apoyo espiritual y emocional. Esto ayuda a generar confianza y una buena relación con los internos, al tiempo que se mantienen estándares profesionales y éticos.

Tu actitud.

Como capellán voluntario, tu actitud es importante para crear un ambiente propicio para el ministerio. Debes mantener una actitud calmada y respetuosa en todo momento, independientemente de la situación. Evita entrar en discusiones o confrontaciones con los internos, ya que esto puede escalar y convertirse en un riesgo de seguridad para todos los involucrados.

Además, presta atención a tu lenguaje corporal y tono de voz, ya que pueden comunicar más que tus palabras. Muestra que eres accesible y estás dispuesto a escuchar, y mantén contacto visual al hablar con los internos.

Tu actitud también debe reflejar una postura libre de juicios hacia los internos. Recuerda que están allí para cumplir su condena, y no es tu lugar juzgar sus acciones. En su lugar, enfócate en ministrar a sus necesidades espirituales y brindar apoyo emocional.

Testimonio.

Nunca intentes deliberadamente persuadir a los internos para que cambien sus preferencias religiosas. Estás allí para compartir tu fe. Deja que la Palabra haga los cambios necesarios.

Como capellán voluntario, el testimonio o compartir la fe es una parte esencial del rol. Sin embargo, es crucial ser respetuoso con las creencias de los internos y evitar imponer tus propias creencias. Es importante escuchar sus perspectivas, ofrecer orientación y proporcionar un ambiente donde se sientan cómodos explorando su fe.

Además, es esencial estar informado sobre diferentes creencias religiosas para evitar ofender o faltar al respeto a las creencias de los internos. En última instancia, el objetivo debe ser crear un ambiente abierto y de apoyo donde los internos se sientan libres de expresar sus preocupaciones y necesidades espirituales.

Respeto.

Gana respeto para ti mismo. Deja claro que no permitirás ser manipulado. Si surge una situación que consideres "ambigua", consulta con los oficiales de la prisión para asegurarte de cómo manejarla.

El respeto es una de las cualidades más importantes al trabajar con internos en una instalación correccional. Aquí hay algunas formas de mostrar respeto:

1. Escucha activamente y presta al interno toda tu atención.
2. Usa el nombre del interno al dirigirte a él.
3. Emplea un lenguaje y tono de voz adecuados.
4. Reconoce los sentimientos y opiniones del interno, incluso si no estás de acuerdo con ellos.
5. Trata al interno como un individuo con necesidades y circunstancias únicas.
6. Muestra empatía y compasión.
7. Respeta la privacidad y confidencialidad del interno.

8. Evita hacer suposiciones o juicios sobre el interno.
9. Sé paciente y comprensivo.
10. Sé profesional en tus interacciones con el interno.

Mantén la compostura.

Un interno abrumado con problemas puede enfrentarte con hostilidad. En esos momentos, no fuerces la conversación ni respondas de manera hostil, sarcástica o ansiosa. Mantén la compostura, ignora la hostilidad o retírate por un momento. Es probable que el interno recupere la calma. Siempre expresa amor incondicional.

Como capellán voluntario, es importante permanecer tranquilo y sereno en todas las situaciones, incluso cuando enfrentas interacciones desafiantes o emocionalmente cargadas con los internos. Esto puede ayudar a crear un sentido de estabilidad y seguridad para los residentes, así como a mantener la actitud profesional y la autoridad del capellán.

Una forma de mantener la compostura es practicar técnicas de atención plena y autocuidado, como la respiración profunda o la meditación, que pueden ayudar a reducir el estrés y la ansiedad. También es útil establecer límites claros y pautas para la comunicación y el comportamiento, y comunicar estas expectativas de manera clara y constante con los internos.

En situaciones donde un interno se agite o se torne confrontativo, es importante mantener la calma y evitar reaccionar emocionalmente. En su lugar, los capellanes pueden usar habilidades de escucha activa y comunicación para entender la perspectiva del interno y responder de manera constructiva y empática.

Al mantener una actitud profesional y responder de manera tranquila y compasiva en todas las situaciones, los capellanes voluntarios pueden crear un entorno seguro y de apoyo para que los internos exploren sus necesidades espirituales y emocionales. Esto puede ayudar a fomentar relaciones positivas y promover el crecimiento personal y la transformación entre los residentes.

No te sobreidentifiques.

No asumas los problemas de los internos como tuyos. No son tus problemas.

Al trabajar con internos, es importante no sobreidentificarse con ellos. Esto significa que, aunque debes ser empático y comprensivo con su situación, no debes difuminar las líneas entre tu vida y la de ellos. La sobreidentificación puede llevar a apegos emocionales poco saludables y dificultar el mantenimiento de límites profesionales.

Recuerda que, aunque estás allí para apoyarlos y guiarlos, no eres su amigo ni un miembro de su familia. Mantener una actitud profesional y tratar a todos con respeto es clave para ser efectivo en tu rol.

No esperes agradecimientos.

Es posible que no recibas agradecimientos ni muestras de gratitud de un interno. Puede que lo sienta, pero no sepa cómo expresarlo. Sin embargo, tu esfuerzo será apreciado y recompensado por Dios.

Como trabajador en el ministerio de prisiones, es importante recordar que el trabajo que haces no es para recibir reconocimiento o agradecimientos, sino para servir a los internos y compartir el amor de Cristo. No tengas expectativas de ser agradecido o elogiado por tu labor; encuentra alegría al saber que estás marcando la diferencia en la vida de los demás. Recuerda mantener la humildad y continuar sirviendo con un corazón lleno de amor y compasión.

Debes establecer límites.

Algunos internos te pondrán a prueba hasta que establezcas límites claros. Cuánto y hasta dónde lleguen dependerá de lo que permitas. No comprometas tus principios.

Como capellán voluntario, es importante establecer límites saludables y claros en tus interacciones con los internos. Esto puede incluir:

1. **Límites de tiempo:** Sé claro sobre el tiempo que tienes disponible para cada interno y trata de cumplir con ese límite para asegurarte de atender a todos los que necesitan tu atención.
2. **Límites emocionales:** Aunque es importante ser empático y solidario, también lo es mantener una distancia

emocional y no involucrarte demasiado en las vidas de los internos.

3. **Límites físicos:** Sé consciente de tu espacio personal y evita cualquier contacto físico que pueda interpretarse como inapropiado o no deseado.

4. **Límites de rol:** Recuerda que eres un capellán, no un consejero o terapeuta. Si un interno necesita más ayuda de la que puedes brindar, remítelo a los profesionales de salud mental correspondientes.

Establecer estos límites puede ayudarte a mantener una relación profesional y saludable con los internos, asegurando al mismo tiempo que no te excedas en tus capacidades.

No te asustes.

Si te encuentras solo con un interno, no entres en pánico.

Como ministro en prisiones, es importante no entrar en pánico en ninguna situación. El pánico puede llevar a decisiones y acciones irracionales que podrían causar daño a ti o a otros. En lugar de eso, es importante mantener la calma y pensar antes de actuar. Esto puede incluir tomarte un momento para respirar, evaluar la situación y desarrollar un plan de acción seguro y adecuado.

Además, mantener una actitud tranquila y serena puede ayudar a desescalar situaciones tensas y servir como un ejemplo positivo para quienes te rodean.

Deja tus problemas personales en casa.

Los internos ya tienen suficientes problemas propios. No necesitan cargar con los tuyos.

Como capellán voluntario, es fundamental mantener límites apropiados entre la vida personal y profesional. Esto significa dejar los problemas y preocupaciones personales en casa y enfocarte en las necesidades de los internos mientras estás de servicio.

Al mantener una clara separación entre la vida personal y profesional, los capellanes pueden garantizar que sus interacciones con los internos se centren en brindar apoyo espiritual y emocional, en lugar de verse influenciadas por problemas o prejuicios personales.

Esto ayuda a construir confianza y una buena relación con los internos, además de mantener estándares profesionales y éticos.

Si un capellán está experimentando problemas personales o situaciones de estrés que puedan afectar su capacidad para desempeñar sus funciones de manera efectiva, es importante buscar apoyo y recursos, como consejería o apoyo entre colegas, para abordar estos problemas. Esto puede ayudar a prevenir el agotamiento y garantizar que el capellán pueda brindar el nivel más alto de apoyo a los internos.

En general, dejar los problemas personales en casa y mantener límites apropiados es esencial para que los capellanes voluntarios desempeñen sus funciones de manera efectiva y creen un entorno seguro y de apoyo para que los internos exploren sus necesidades espirituales y emocionales.

Expectativas.

De una manera serena y tolerante, siempre insinúa que esperas la actitud correcta de los internos.

Como capellán voluntario en prisiones, es importante tener expectativas claras tanto de ti mismo como de los internos y del personal penitenciario con quienes trabajarás. Estas expectativas pueden ayudar a garantizar que todos estén alineados y trabajando hacia los mismos objetivos.

Algunas expectativas que los capellanes pueden tener para sí mismos incluyen:

- Mantener límites profesionales.
- Respetar la confidencialidad de las comunicaciones con los internos.
- Brindar apoyo y orientación sin juicios.
- Adherirse a principios éticos y religiosos.

Expectativas para los internos:

- Respetar la autoridad y profesionalismo del capellán.
- Participar en sesiones grupales e individuales.
- Cumplir con las reglas y regulaciones de la prisión.

Expectativas para el personal penitenciario:

- Mantener una comunicación abierta y respetuosa con los capellanes.

- Proporcionar acceso a los recursos e instalaciones necesarios.
- Colaborar para promover el bienestar de los internos.

Al establecer expectativas claras y comunicarlas de manera efectiva, los capellanes voluntarios pueden ayudar a crear un entorno positivo y productivo para todas las partes involucradas. Esto puede fomentar el crecimiento personal y la transformación entre los internos, así como promover relaciones positivas entre capellanes, internos y personal penitenciario.

Debes ser un líder en el sentido más fuerte de la palabra.

Como capellán voluntario en prisiones, es importante poseer habilidades sólidas de liderazgo para desempeñar eficazmente las funciones del rol. Esto incluye inspirar y motivar a los internos, así como colaborar de manera efectiva con el personal penitenciario y otros voluntarios.

Ser un líder en el contexto del ministerio en prisiones significa proporcionar orientación, apoyo y dirección a los internos mientras atraviesan sus viajes espirituales y emocionales. Esto puede implicar liderar sesiones grupales, brindar consejería y apoyo individual, y coordinarse con el personal de la prisión para garantizar que los internos tengan acceso a los recursos y apoyo necesarios.

Las habilidades sólidas de liderazgo también incluyen la capacidad de generar confianza y establecer una buena relación con los internos, además de comunicarse de manera efectiva con ellos. Esto implica:

- Escuchar activamente.
- Brindar apoyo y orientación sin juicios.
- Transmitir empatía y comprensión.

Además de estas habilidades interpersonales, el liderazgo efectivo en el ministerio en prisiones requiere un compromiso con los estándares éticos y profesionales, así como la disposición para colaborar con otros para lograr objetivos comunes.

En resumen, ser un líder en el ministerio en prisiones significa poseer una combinación de habilidades interpersonales, organizacionales y éticas, además de un profundo sentido de compasión y compromiso con el servicio a los necesitados.

Tu Conducta.

Nunca demuestres que te has enojado recurriendo a expresiones profanas, vulgares o abusivas de cualquier tipo.

Como capellán voluntario en prisiones, tu conducta es fundamental para generar confianza y establecer una relación positiva con los internos y el personal penitenciario. Tu comportamiento y acciones deben reflejar los más altos estándares de profesionalismo, respeto y ética.

Esto implica mantener límites apropiados con los internos y el personal penitenciario, y adherirse a todas las normas y regulaciones del centro. También significa mantener la confidencialidad al trabajar con los internos, y nunca compartir información personal o historias que puedan comprometer su privacidad o seguridad.

Tu conducta debe reflejar un compromiso con el bienestar de los internos y la creación de un ambiente seguro y de apoyo. Esto implica ser imparcial y respetuoso con las creencias y antecedentes de los internos, proporcionando apoyo y orientación de manera compasiva y no coercitiva.

Además de estas normas básicas de conducta, también es importante ser consciente de cualquier prejuicio personal que pueda afectar tu capacidad para servir eficazmente a los internos. Esto requiere autorreflexión continua y un compromiso con la competencia cultural y la diversidad.

En última instancia, tu conducta como capellán voluntario debe estar guiada por un profundo sentido de compasión, respeto y compromiso con el servicio a quienes lo necesitan. Al encarnar estos valores y principios, puedes ayudar a crear un entorno positivo y de apoyo que fomente el crecimiento personal y la transformación de los internos.

Expresa Aprecio.

Muestra agradecimiento cuando el comportamiento ha sido encomiable, por ejemplo: "¡Hoy estuvieron geniales, tan atentos!"

Expresar aprecio es un aspecto importante de ser capellán voluntario en prisiones. Demuestra gratitud por la oportunidad de servir y reconoce el trabajo duro y la dedicación del personal penitenciario, los voluntarios y los propios internos.

Tomarte el tiempo para expresar aprecio puede tener un impacto poderoso en la comunidad penitenciaria. Puede ayudar a fomentar un sentido de conexión y apoyo, y motivar a los internos y al personal a continuar su labor con renovada energía y entusiasmo.

Hay muchas formas de expresar aprecio como capellán voluntario. Esto puede incluir escribir notas de agradecimiento al personal penitenciario o a otros voluntarios, reconocer los esfuerzos de internos que han avanzado en su desarrollo espiritual o personal, o simplemente ofrecer palabras amables o gestos de apoyo.

Expresar aprecio debe ser una práctica continua, no un evento aislado. Al mostrar gratitud regularmente y reconocer los esfuerzos de quienes te rodean, puedes contribuir a construir una comunidad positiva y de apoyo dentro de la prisión y al éxito general del programa de ministerio penitenciario.

Cartas de Recomendación.

Si un interno solicita una carta de recomendación para jueces u otras autoridades del sistema de justicia penal, informa que trasladarás la solicitud al Capellán de Planta para su evaluación y posible acción.

Como capellán voluntario, es importante mantener límites adecuados con los internos y evitar actividades que puedan comprometer tu neutralidad o imparcialidad.

Si un interno solicita una carta de recomendación, es fundamental manejar la solicitud con cuidado y sensibilidad. En general, lo mejor es informar al interno que no puedes proporcionar una carta directamente y que transferirás la solicitud al Capellán de Planta para su evaluación.

El Capellán de Planta suele ser responsable de supervisar las necesidades espirituales y religiosas de la comunidad penitenciaria y puede tener protocolos establecidos para manejar este tipo de solicitudes. Al referir la solicitud, aseguras que se evalúe de manera objetiva y sin prejuicios, cumpliendo con todas las políticas y procedimientos adecuados.

En general, es importante evitar actividades que puedan interpretarse como abogar a favor o en contra de un interno o grupo de internos. Esto incluye proporcionar cartas de recomendación o participar en acciones que puedan percibirse como favoritismo.

Al mantener límites apropiados y remitir las solicitudes de cartas de recomendación a las autoridades correspondientes, puedes garantizar que tu rol como capellán voluntario en prisiones se enfoque en proporcionar orientación y apoyo espiritual a quienes lo necesitan, en lugar de participar en actividades que puedan comprometer tu imparcialidad o neutralidad.

Ministrar a través de la consejería personal.

La consejería proporciona una relación amigable y de apoyo para quien busca respuestas o soluciones a sus problemas. Este tipo de relación puede darse al final de un servicio religioso o sesión de estudio bíblico. Algunos presos pueden querer hablar sobre lo que escucharon o compartir un problema. La mayoría de las veces, no buscan soluciones concretas, sino alguien que los escuche y les ofrezca aliento y apoyo.

Como capellán voluntario en prisiones, uno de tus roles más importantes es brindar consejería personal a los internos. Muchos presos enfrentan problemas emocionales y espirituales y pueden estar lidiando con sentimientos de culpa, vergüenza, ira o desesperanza.

A través de la consejería personal, puedes ayudar a los internos a explorar sus sentimientos y creencias, identificar áreas de crecimiento personal y desarrollar estrategias para enfrentar los desafíos de la vida en prisión. Algunos principios clave a tener en cuenta al brindar consejería personal son:

1. **Escuchar atentamente**: Una consejería efectiva requiere escucha activa, empatía y sensibilidad. Presta atención a las señales verbales y no verbales del interno y responde de manera que demuestres tu interés y preocupación genuinos.
2. **Construir confianza**: Muchos presos tienen problemas de confianza debido a experiencias previas de traición o abuso. Trabaja para establecer un ambiente seguro y

confidencial donde los internos se sientan cómodos compartiendo sus preocupaciones y miedos más profundos.

3. **Respetar los límites**: Como capellán, debes respetar los límites personales de los internos y evitar involucrarte en actividades que puedan percibirse como inapropiadas o poco profesionales.

4. **Ofrecer orientación y apoyo**: A través de la consejería personal, puedes ofrecer orientación y apoyo para ayudar a los internos a realizar cambios positivos en sus vidas. Prepárate para brindar orientación espiritual, consejos prácticos y referencias a otros recursos según sea necesario.

Al brindar consejería personal, puedes desempeñar un papel vital en ayudar a los internos a enfrentar los desafíos de la vida en prisión, construir relaciones más sólidas y desarrollar un mayor sentido de esperanza y propósito.

Información Confidencial.

Es posible que tengas acceso a información confidencial. No debes revelar esta información ni utilizarla para tu propio beneficio. Debes abordar los problemas espirituales de los internos como si no supieras nada sobre sus delitos. Mantén la confidencialidad de los asuntos discutidos en consejería, a menos que impliquen amenazas a la seguridad de alguien, incluidos los propios internos. En este caso, no les informes que lo reportarás, pero hazlo.

Como capellán voluntario en prisiones, a menudo se te confiará información confidencial de los internos. Es esencial que mantengas los más altos niveles de confidencialidad y profesionalismo en todo momento.

Algunos principios clave a tener en cuenta al tratar con información confidencial son:

1. **Respetar la privacidad**: Sé siempre respetuoso con la privacidad de los internos y mantén la confidencialidad de cualquier información que compartan contigo.

2. **Cumplir con las políticas institucionales**: Familiarízate con las políticas y procedimientos de la prisión sobre confidencialidad y asegúrate de cumplirlos en todo momento.

3. **Actuar con discreción**: Evita discutir información sensible con otros internos o miembros del personal, a menos que sea necesario para garantizar la seguridad y el bienestar del interno o de otras personas.

4. **Buscar orientación**: Si no estás seguro de cómo manejar una situación o información confidencial específica, busca orientación del capellán de planta o de otras autoridades penitenciarias.

Al mantener una estricta confidencialidad y profesionalismo, puedes ayudar a construir confianza y respeto tanto con los internos como con los miembros del personal y garantizar que puedas continuar proporcionando orientación espiritual y apoyo efectivos a quienes más lo necesitan.

Sé un buen oyente.

No necesitas tener una respuesta para todo, pero hazles saber a los prisioneros que ¡Dios sí la tiene! Si crees que necesitan consejería formal, anímalos a buscarla a través de los canales institucionales. Y no interrumpas de inmediato si crees que una declaración está equivocada. ¡Escucha!

Una de las habilidades más importantes para un capellán voluntario en prisiones es la capacidad de ser un buen oyente. Muchos internos enfrentan problemas emocionales, psicológicos y espirituales profundos y pueden no tener a nadie más a quien recurrir en busca de apoyo y orientación.

Para ser un oyente efectivo, es importante:

1. **Prestar atención**: Enfoca tu atención en la persona que habla y asegúrate de estar completamente presente y comprometido en la conversación.

2. **Mostrar empatía**: Trata de comprender la perspectiva y los sentimientos de la otra persona, y muestra empatía y compasión por su situación.

3. **Ser imparcial**: Evita hacer suposiciones o juzgar, y en su lugar, céntrate en crear un espacio seguro y de apoyo donde la otra persona pueda compartir sus pensamientos y sentimientos.

4. **Hacer preguntas abiertas**: Anima a la otra persona a compartir más sobre sus experiencias haciendo preguntas abiertas que inviten a la reflexión y la conversación.

5. **Reflexionar y aclarar**: Repite a la otra persona lo que has escuchado y aclara cualquier punto que no sea claro o que resulte confuso.

Siendo un buen oyente, puedes ayudar a construir confianza y empatía con los internos y brindarles el apoyo y orientación que necesitan para enfrentar los desafíos de la vida en prisión.

No tomes decisiones por el interno bajo ninguna circunstancia.

Como capellán voluntario en prisiones, es importante recordar que estás allí para ofrecer orientación y apoyo, no para tomar decisiones por los internos a los que sirves. Si bien puedes ofrecer consejos y compartir tus perspectivas, en última instancia, es el interno quien debe tomar sus propias decisiones.

Tomar decisiones por un interno puede crear dependencia y llevar a resultados negativos. Es fundamental empoderar al interno para que tome sus propias decisiones y asuma la responsabilidad de sus acciones.

En lugar de decidir por ellos, enfócate en brindar orientación, escuchar sus inquietudes y ayudarlos a explorar sus opciones. Al hacerlo, puedes ayudar a fortalecer su confianza y autoestima, y empoderarlos para realizar cambios positivos en sus vidas.

No juzgues.

Las ideas y apariencias de los internos no deben ser juzgadas, al igual que su vocabulario o forma de expresarse. Ve a los internos como individuos. No hagas suposiciones basadas en generalidades o estereotipos. Categorizar a un interno es injusto y deshumanizante.

Como capellán voluntario en prisiones, recuerda que tu función es brindar orientación y apoyo espiritual, no juzgar a los internos que sirves. No es tu papel emitir juicios sobre sus acciones o decisiones que los llevaron a estar encarcelados.

En su lugar, aborda a cada persona con empatía y compasión, entendiendo que pueden haber experimentado desafíos y dificultades que los llevaron a cometer errores. Al abstenerte de juzgar, puedes crear un ambiente de confianza y aceptación que puede ser crucial para el proceso de sanación.

Recuerda que cada persona es única y tiene su propia historia.
Concéntrate en sus necesidades individuales, en lugar de hacer suposiciones basadas en su pasado o circunstancias actuales. Al hacerlo, puedes ayudar a crear un espacio seguro y de apoyo donde los internos puedan explorar su espiritualidad y encontrar paz interior.

No regañes ni interrogues.

Muchos internos ya tienen una imagen negativa de sí mismos, así que evita regañarlos o interrogarlos sobre su condición previa o lo que pudieron haber hecho para estar en prisión.

Como capellán voluntario en prisiones, es importante abordar tus interacciones con los internos con compasión y comprensión. Evita regañarlos o interrogarlos, ya que esto puede ser contraproducente y generar un ambiente negativo.

En lugar de eso, enfócate en escuchar sus preocupaciones y brindar orientación de manera solidaria y sin juzgar. Fomenta una comunicación abierta y honesta, pero evita presionarlos para que compartan información con la que no se sientan cómodos.

Recuerda que muchos internos pueden estar lidiando con emociones difíciles o traumas pasados y pueden mostrarse reacios a abrirse. Al crear un espacio seguro y de apoyo para que se expresen, puedes ayudarlos a generar confianza en sí mismos y en el programa de capellanía.

Tu objetivo como capellán es brindar orientación espiritual y apoyo, respetando sus necesidades y circunstancias individuales. Tratándolos con dignidad y respeto, puedes ayudarlos a encontrar paz interior y sanación.

Sé paciente.

Como capellán voluntario en prisiones, es esencial abordar tu trabajo con paciencia. Los internos pueden enfrentar una variedad de desafíos, incluidos el malestar emocional, problemas de salud mental y luchas con adicciones. También pueden mostrarse reacios a abrirse con un extraño o necesitar tiempo para construir confianza y establecer una relación.

Al mantenerte paciente y comprensivo, puedes ayudar a que los internos se sientan más cómodos y apoyados. Esto puede implicar tomarte el tiempo para escuchar sus preocupaciones, ofrecer orientación y estar presente en momentos difíciles.

Recuerda que el proceso de sanación suele ser lento y gradual, y que puede tomar tiempo para que los internos vean los beneficios de tu trabajo. Al asumir tu rol con paciencia y perseverancia, puedes ayudar a crear un ambiente más positivo y de apoyo para los internos y acompañarlos en su camino hacia la sanación y el crecimiento.

No te desanimes.

Por encima de todo, recuerda: no te desanimes. Haz tu mejor esfuerzo, ora y deja los resultados en manos de Dios. La capellanía voluntaria en prisiones puede ser un rol desafiante y emocionalmente demandante, y es importante recordar que el progreso puede ser lento y difícil de medir. No es raro encontrar obstáculos o sentir desaliento, especialmente cuando trabajas con personas que enfrentan desafíos significativos.

Sin embargo, es esencial mantener una actitud positiva y centrarte en los cambios positivos que puedas generar, por pequeños que parezcan. Al mantener una perspectiva clara y un compromiso con tu trabajo, puedes contribuir a crear un ambiente más positivo y de apoyo para los internos y mejorar su bienestar general.

Recuerda que no estás solo en esta labor y que hay muchos recursos disponibles para ayudarte a mantenerte motivado y comprometido. Considera buscar apoyo de otros capellanes o profesionales de la salud mental, asistir a programas de formación y desarrollo profesional, y acercarte a tu comunidad en busca de apoyo y ánimo. Con paciencia, perseverancia y una actitud positiva, puedes marcar una diferencia significativa en las vidas de los internos que sirves.

CÓMO EVITAR SER VÍCTIMA DE UNA TRAMPA

Para evitar ser víctima de una trampa, aquí hay algunos consejos:

1. Sé cauteloso con las personas que intentan hacerse amigas tuyas de repente y sin una razón aparente.
2. Desconfía de las personas que intentan involucrarte en actividades con las que te sientes incómodo o que parecen ilegales o poco éticas.
3. Evita compartir información personal con personas que no conoces o en las que no confías.
4. Confía en tus instintos y ten cuidado con cualquiera que te haga sentir incómodo o inquieto.
5. Mantente atento a tu entorno y a las personas que te rodean, especialmente en situaciones desconocidas o potencialmente peligrosas.
6. No aceptes regalos o favores de personas que no conoces o en las que no confías.
7. Si sospechas que están intentando tenderte una trampa, habla con alguien de confianza y busca su consejo.
8. Siempre ten en cuenta las posibles consecuencias de tus acciones y evita comportamientos que puedan ponerte en riesgo de ser víctima de una trampa.

¿QUÉ ES UNA TRAMPA?

Una "trampa" es una situación en la que te obligan a comprometer tus propias creencias, estándares o las reglas institucionales. Eres forzado o engañado para entrar en una situación comprometida y luego un interno se aprovecha de ello para obtener favores o contrabando como drogas, alcohol, etc.

¿CÓMO OCURRE UNA TRAMPA?

Una trampa puede ocurrir de muchas maneras, pero generalmente implica que alguien te atraiga a una situación en la que puedas ser acusado falsamente de un delito o conducta inapropiada. Por ejemplo, alguien podría pedirte que guardes un paquete o realices un favor sin revelar que el paquete contiene sustancias ilegales o que el favor es parte de una actividad ilegal. Una vez implicado, la persona que preparó la trampa podría intentar usar la situación para coaccionarte a hacer algo más o ganar ventaja sobre ti de alguna manera.

Las trampas también pueden ocurrir en situaciones sociales o interacciones en línea, donde alguien podría usar tácticas engañosas para manipularte hacia una situación comprometida.

UNA TRAMPA GENERALMENTE PROCEDE ASÍ:

1. OBSERVACIÓN

Los internos primero observan tu capacidad o incapacidad para manejar el estrés, tu nivel de tolerancia, si sigues o no las reglas y qué tan eficaz eres al tomar el mando en situaciones difíciles. Al igual que las arenas movedizas que aparentan ser suelo firme pero son peligrosas, las relaciones también pueden no ser lo que parecen en la superficie. No todos los internos están profundamente involucrados en comportamientos delictivos, pero muchos sí lo están. Por ello, debes aprender a evitar caer en trampas en el entorno institucional.

La observación es un proceso clave para recopilar información sobre una persona, situación o entorno utilizando los sentidos. Es una herramienta esencial en el entorno correccional para identificar posibles amenazas y riesgos, así como oportunidades para intervenir de manera positiva.

2. **PRUEBAS**

Antes de sacar conclusiones, los internos prueban sus suposiciones sobre ti de maneras menores. Esto puede incluir solicitudes no autorizadas de suministros y materiales, pedir favores, eludir reglas, apelar a tu simpatía o intentar involucrarte en conversaciones íntimas. Si cedes en estas áreas "menores," eres un candidato ideal para una trampa.

3. **LA TRAMPA**

Si comprometes reglas menores o participas en conductas imprudentes, el interno verá una oportunidad para tenderte una trampa. Pueden amenazar con informar a la administración sobre tus incumplimientos pasados o intentar engañarte para que hagas algo más que viole las reglas de la institución. Usan esto como palanca para obtener lo que desean, como contrabando (drogas o alcohol) u otros favores inapropiados.

EVITANDO UNA TRAMPA

MANTENER UNA ACTITUD PROFESIONAL

El profesionalismo se refiere a una actitud específica hacia el ministerio en cárceles y prisiones. Esto significa que tus estándares y estilo de vida deben ser mejores que los de la mayoría de las personas confinadas en prisión. No se considera profesional usar la jerga de los internos o violar las reglas institucionales como algunos internos hacen. Mantener una actitud profesional es esencial para evitar una trampa. Aquí hay algunos consejos:

1. **Mantén límites claros:** Establece y respeta límites profesionales con los internos, compañeros de trabajo y cualquier otra persona con la que interactúes en el entorno de la prisión.
2. **Permanece neutral:** No tomes partido en disputas entre internos y evita participar en chismes u otras conductas no profesionales.
3. **Sigue los protocolos:** Cumple con todas las políticas y procedimientos institucionales, incluyendo informar cualquier actividad o comportamiento sospechoso a tus superiores.
4. **Sé cauteloso:** No compartas información personal ni te familiarices demasiado con los internos o sus familias.

5. **Mantén registros:** Lleva registros precisos de todas las interacciones con internos y otras personas, incluyendo notas sobre conversaciones e incidentes.

6. **Sé consciente de tu entorno:** Siempre presta atención a tu entorno y confía en tus instintos si te sientes incómodo o amenazado.

7. **Busca apoyo:** Solicita apoyo de tus colegas y supervisores, y no dudes en reportar cualquier preocupación o incidente.

Siguiendo estas pautas, podrás mantener una actitud profesional que ayudará a prevenir que seas víctima de una trampa.

EVITA LA FAMILIARIDAD

Una forma importante de evitar ser víctima de una trampa es mantener una actitud profesional y evitar la familiaridad con las personas con las que trabajas. Esto significa ser amable y accesible, pero sin involucrarte demasiado en las vidas personales de los internos o de otros miembros del personal. Mantener límites profesionales puede prevenir situaciones en las que alguien intente usar información personal en tu contra o manipularte para que hagas algo indebido. Es importante ser amigable y solidario, pero también mantener una distancia y objetividad en tus interacciones con los demás.

NEGARSE A VIOLAR LAS REGLAS BAJO CUALQUIER CIRCUNSTANCIA

Una trampa siempre implica una infracción previa de las reglas. Rechaza violar las reglas bajo cualquier circunstancia. Es fundamental respetar siempre las reglas y regulaciones en cualquier situación, especialmente en un entorno profesional. Violar las reglas no solo puede poner en riesgo tu trabajo, sino también comprometer tu integridad y credibilidad. Prioriza la seguridad y el bienestar de ti mismo y de los demás mientras sigues las pautas y protocolos establecidos.

INFORMAR INMEDIATAMENTE CUALQUIER INTENTO DE TRAMPA

Si te encuentras en esta situación o alguien intenta tenderte una trampa, repórtalo inmediatamente al Capellán del personal o a la administración.

Informar de inmediato cualquier intento de trampa es importante para prevenir que la situación escale y para protegerte de acusaciones falsas. Es esencial informar a las autoridades relevantes, como supervisores o el departamento de seguridad, y proporcionar tantos detalles como sea posible sobre el incidente. También es crucial documentar cualquier evidencia o información que pueda respaldar tu caso y protegerte de acusaciones infundadas.

CAPÍTULO 03

CONTACTO CON LOS INTERNOS

PAUTAS PARA LA CORRESPONDENCIA

A continuación, se presentan algunas pautas para ayudarte a comunicarte de manera efectiva con los internos. Ten en cuenta que, al escribir a los prisioneros, muchos de ellos se sienten sospechosos, resentidos y solos.

Los internos son sospechosos porque...

Han sido abusados o aprovechados en relaciones pasadas. Pueden cuestionar tus motivos para escribirles: "¿Qué ganas con hacer esto?" Trabaja en desarrollar confianza mutua, respeto y comprensión. Los internos suelen ser sospechosos debido a su entorno y experiencias. Estar en una instalación correccional puede ser una experiencia desafiante y estresante. Es posible que hayan tenido experiencias negativas con figuras de autoridad en el pasado, como la policía, jueces y otros funcionarios. Además, pueden haber sido traicionados o decepcionados por amigos o familiares, lo que genera una desconfianza general hacia los demás.

La naturaleza del sistema correccional también contribuye a la desconfianza. A menudo se encuentran en una situación donde tienen poco control sobre sus vidas y su libertad personal está restringida. Esta pérdida de control puede generar sentimientos de impotencia y vulnerabilidad, que se manifiestan como sospechas hacia los demás. En algunos casos, los internos pueden recurrir a comportamientos manipulativos o engañosos para obtener ventajas o protegerse de posibles daños, lo que refuerza un ambiente de desconfianza.

Los internos suelen estar resentidos porque…

Los internos a menudo sienten resentimiento debido a sus circunstancias y las restricciones que enfrentan. Pueden sentir que han sido juzgados o castigados injustamente, o que el sistema está en su contra. También pueden experimentar una sensación de pérdida, ya que están separados de sus familias y seres queridos, y no pueden participar en actividades que antes disfrutaban. Además, pueden estar lidiando con problemas como adicciones o enfermedades mentales, lo que agrava su situación. Todos estos factores contribuyen a sentimientos de resentimiento y frustración.

Si decides hacerlo…

Puedes escribir a un interno, pero se recomienda que uses un apartado postal o la dirección de tu ministerio para reclutar y responder a la correspondencia.

Aclara desde el principio que…

No estás buscando una relación romántica. Es fácil que los internos se enamoren, incluso si nunca te han visto. La amabilidad puede ser malinterpretada. Si esto sucede, debes corregir el problema de inmediato informándolo al Capellán del personal o a la administración.

Es importante establecer límites claros desde el principio de cualquier interacción con un interno. Dejar en claro que no buscas una relación romántica es esencial para mantener una relación profesional. Esto se puede lograr estableciendo expectativas claras, evitando comportamientos coquetos y evitando cualquier situación que pueda interpretarse como romántica o sexual. Recuerda que cualquier tipo de relación romántica con un interno está estrictamente prohibida y podría tener serias consecuencias para ambas partes.

Se sugiere que…

No compartas información personal sobre ti mismo, ni envíes fotos, dinero o regalos a los internos.

NO PROMETAS AYUDA

No prometas ayuda con empleo, vivienda, etc., después de la liberación de la prisión, a menos que el ministerio en el que participes esté adecuadamente preparado para ofrecerla. Tu propósito al escribir es ser una fuente de ánimo en el Señor. Cualquier solicitud de servicios sociales debe canalizarse a los ministerios adecuados para la reintegración post-penitenciaria; consulta con el Capellán del personal.

Es una precaución importante para tomar como voluntario o consejero trabajando con internos. Mantén límites apropiados y evita cualquier comportamiento que pueda percibirse como favoritismo o el establecimiento de relaciones inapropiadas. Esto incluye no compartir información personal, enviar regalos o dinero, o involucrarse en cualquier actividad romántica o sexual con los internos. Estas acciones no solo comprometen tu integridad profesional, sino que también te ponen en riesgo de violar las reglas o leyes que rigen las interacciones con los internos.

VISITAR A LOS INTERNOS

Muchos internos no tienen a nadie que los visite porque familiares y amigos:

- Viven demasiado lejos o no pueden permitirse viajar.
- Tienen problemas personales o financieros.
- Se sienten avergonzados por el encarcelamiento de su ser querido.
- Desaprueban las acciones que llevaron a su ser querido a la prisión.
- Están distanciados de su ser querido.
- Han fallecido.
- No pueden visitar debido a problemas de salud o discapacidad.

Las visitas personales con los internos son una de las áreas más gratificantes del ministerio en cárceles y prisiones. Esta sección explica su importancia, detalla cómo involucrarse y ofrece pautas para visitar individualmente a los internos.

PAUTAS PARA LAS VISITAS

Aquí tienes diez pautas para visitar a los internos:

1. Revisa las reglas de visita y el código de vestimenta antes de tu visita.
2. Lleva una identificación válida, como una licencia de conducir, pasaporte o identificación estatal.
3. Llega temprano y prepárate para esperar en fila.
4. Evita llevar artículos prohibidos como drogas, armas o contrabando.
5. Sé respetuoso y cortés con los oficiales de correcciones y el personal.
6. No lleves niños menores de 18 años, a menos que estén en la lista de visitantes aprobados del interno.
7. No discutas el caso del interno ni asuntos legales durante la visita.
8. Evita el contacto físico, como abrazos o besos, si está prohibido por las reglas de la instalación.
9. No entregues ni recibas artículos del interno durante la visita.
10. Sigue todas las instrucciones y pautas dadas por los oficiales de correcciones y el personal.

Adicionalmente:

- Asegúrate de pasar por los canales adecuados para ser aprobado como visitante por la institución. Puede que tengas que llenar formularios, ser preaprobado antes de tu primera visita, llevar un tipo específico de identificación, etc.
- Aprende y cumple todas las pautas de visita del lugar. Esto incluye horarios de visitas, códigos de vestimenta, seguridad, y lo que está permitido llevar al recinto. Muchas cárceles tienen estas reglas por escrito; pídelo con anticipación, si es posible.
- Es mejor visitar individualmente a alguien de tu mismo sexo para evitar posibles malentendidos románticos.
- Por lo general, no des dinero a un interno o a su familia. Si crees que hay una necesidad legítima y que Dios te

está guiando a hacerlo, canaliza tu ayuda de forma anónima a través del Capellán del personal o la administración.

- No prediques ni des sermones; pide a Dios que te muestre cómo compartir Su amor de una manera que sea aceptada.
- Si la institución lo permite, puedes dar literatura religiosa directamente a los internos. Si no, entrégala al Capellán del personal para que la distribuya.
- A menos que tengas formación profesional en consejería, no asumas este rol en la relación. Además, no sientas que debes responder a cada problema que se plantee.
- La prisión es un lugar muy impersonal y deshumanizante. Haz que tu visita sea positiva y edificante.
- Recuerda siempre que estás allí como representante de Dios, pero no pases todo el tiempo en asuntos espirituales. Fomenta una visita equilibrada.

REUNIONES GRUPALES

Existen muchos tipos de reuniones religiosas que se pueden llevar a cabo en una prisión. Sin embargo, deben ser aprobadas y supervisadas por el Capellán del personal y/o la administración. De acuerdo con la Primera Enmienda de la Constitución de los EE. UU., los presos tienen derecho a practicar su religión y tener acceso a materiales y servicios religiosos. Muchas prisiones cuentan con programas y servicios religiosos disponibles para los internos, incluidas reuniones grupales y servicios de adoración, pero las reglas y regulaciones específicas pueden variar según la instalación. Es importante que los internos sigan las pautas y regulaciones establecidas por su instalación específica para participar en estos programas.

Ejemplos de reuniones religiosas en prisiones:

- Servicios de adoración
- Estudios bíblicos
- Clases de música (entrenar vocalistas, músicos o un coro para el servicio de adoración)
- Presentaciones musicales o teatrales
- Escritura religiosa
- Clases de discipulado para nuevos creyentes

Las reuniones religiosas en las prisiones deben seguir pautas específicas y ser aprobadas por la administración penitenciaria. Esto garantiza la seguridad de todos los involucrados y previene actividades o comportamientos no autorizados. El Capellán del personal y la administración son responsables de supervisar todas las reuniones religiosas, y los internos deben cumplir con las normas y reglamentos establecidos por la prisión.

CÓMO CONDUCIR REUNIONES GRUPALES

A continuación, se presentan algunas pautas para llevar a cabo servicios grupales en una cárcel o prisión:

1. Obtén permiso de la administración penitenciaria y del Capellán del personal antes de realizar cualquier servicio grupal.
2. Cumple con las políticas y procedimientos de la prisión, incluidos los códigos de vestimenta, horarios de llegada y artículos aprobados que se pueden llevar a la instalación.
3. Mantén una conducta profesional en todo momento y trata a los internos con respeto.
4. Enfócate en asuntos espirituales y evita discutir temas personales o políticos.
5. Usa un lenguaje apropiado y evita el uso de jerga o términos ofensivos.
6. No hagas promesas a los internos que no se puedan cumplir, como escribir cartas o brindar apoyo financiero.
7. Respeta el horario del servicio y evita exceder el tiempo asignado.
8. No lleves materiales o artículos que no hayan sido aprobados por la administración penitenciaria, incluidos literatura religiosa o música.
9. No proporciones regalos o favores a los internos.
10. Evita discutir cualquier información personal sobre ti o tu familia.

HORARIO

Las instituciones correccionales operan con un horario estricto. Todas las reuniones grupales deben comenzar y terminar a tiempo.

MÚSICA

La música para la adoración en prisión debe ser alentadora y edificante. No se deben usar canciones que puedan malinterpretarse como condenatorias o despectivas, por ejemplo, *"Rescuing the Perishing"*. Tampoco se debe utilizar música deprimente como *"Nobody Knows the Trouble I've Seen"*.

- Si vas a usar transparencias, libros de canciones o pistas de audio, ten estos materiales listos.
- Siempre obtén la autorización del Capellán del personal antes de organizar actividades musicales diferentes a las que normalmente realiza tu equipo (grupos especiales, cantatas, etc.).

ORACIÓN

Mantén la oración breve y al punto, a menos que Dios actúe de manera especial. Una oración demasiado larga no solo podría hacer que el servicio sea tedioso, sino que podría ser malinterpretada por la prisión como diciendo: "Estas personas necesitan oraciones largas". No es importante ninguna posición o postura en particular, pero cuando hay una multitud grande (50 personas o más), sería recomendable dejar a la congregación sentada o de pie durante la oración en lugar de llamarles al frente para arrodillarse. (Esto es por motivos de control).

Dedica la mayor parte del tiempo orando por el bienestar físico, social, mental y espiritual de los internos, sus preocupaciones y las de sus familias. Ora también por el personal de la institución. Está bien mantener los ojos abiertos un poco (o designar a un miembro de tu equipo para que los mantenga abiertos, por motivos de control).

LECTURA DE LAS ESCRITURAS

La persona que lee las Escrituras está haciendo eco de la voz de Dios y estableciendo el tono para el sermón o la lección. Lee el texto con expresión, reverencia e impacto (ver Nehemías 8:8). Antes de comenzar a leer, anuncia claramente dónde se encuentra el pasaje: libro, capítulo y versículo(s). Da tiempo para que los asistentes encuentren el pasaje. Proyecta tu voz hacia los que están al fondo de la sala. Mantente erguido y habla claramente. Lee la Palabra de Dios de manera tan impresionante que conmueva las emociones de los presos y sus corazones se vuelvan hacia el cielo. Cuando leas las Escrituras durante un servicio grupal en una cárcel o prisión, elige pasajes relevantes para la audiencia y el tema del servicio. Asegúrate de que el lenguaje y la traducción de la Biblia sean accesibles para todos los participantes.

Explica el contexto y el significado del pasaje de manera clara y comprensible, proporcionando información de fondo y referencias culturales o históricas. Relaciona el pasaje con eventos actuales o experiencias personales.

Finalmente, permite tiempo para la reflexión y discusión del pasaje bíblico, dando espacio para que los participantes compartan sus ideas y perspectivas. Esto facilita una comprensión más profunda y una aplicación de las Escrituras en sus vidas.

TESTIMONIOS

Si te piden dar un testimonio, no veas esto como una oportunidad para predicar. Los testimonios son una forma poderosa de compartir experiencias personales y cómo la fe ha impactado la vida de una persona. Al realizar servicios grupales en una cárcel o prisión, los testimonios pueden ser una excelente manera de animar y elevar a los internos. Sigue estas pautas:

1. Mantén los testimonios breves y al punto.
2. Fomenta testimonios positivos y edificantes.
3. Evita declaraciones negativas o críticas hacia personas o instituciones.
4. Asegúrate de que los testimonios sean relevantes al tema o enfoque del servicio.
5. Recuerda a los participantes respetar la confidencialidad y privacidad de los demás.
6. Ofrece oportunidades para compartir testimonios en un ambiente seguro y no amenazante.
7. Si alguien comparte un testimonio sensible o personal, alienta al grupo a respetar su privacidad y evitar discutirlo fuera del entorno grupal.

8. Agradece a quienes comparten sus testimonios y recuérdales el impacto que sus palabras pueden tener en otros.

EL ABC DE LOS TESTIMONIOS

Mantén tu testimonio centrado en Dios y sigue el ABC de los testimonios:

A - Siempre comienza con tu conexión con Dios y cómo Él ha impactado tu vida. Esto establece tu credibilidad y destaca el poder de Dios en tu testimonio.

B - Sé breve y al punto. Evita entrar en detalles innecesarios que puedan distraer del mensaje principal.

C - Comunica claramente el mensaje del Evangelio y la esperanza que se encuentra en Jesucristo. Usa un lenguaje simple y evita jerga que pueda no ser entendida por aquellos que no están familiarizados con la terminología cristiana.

D - Depende de la guía del Espíritu Santo. Ora y busca la dirección de Dios antes de compartir tu testimonio, confiando en Él para guiarte al hablar.

E - Termina con un llamado a la acción, animando a otros a buscar una relación personal con Jesucristo y ofreciendo recursos o próximos pasos para quienes estén interesados.

F - Enfócate en el impacto positivo que tu fe ha tenido en tu vida y evita comentarios negativos sobre otras personas o instituciones religiosas.

PREDICACIÓN/ENSEÑANZA

Los mensajes preparados para predicar o enseñar en una prisión no deben exceder los 30 minutos. Muchos internos tienen un tiempo de atención limitado. También deseas dejar suficiente tiempo al final de tu mensaje para concluirlo adecuadamente y tener tiempo adicional con los residentes. (La convivencia es importante para ellos).

Haz que tu mensaje sea relevante para los internos. Ajusta tu presentación según lo que sepas sobre tu audiencia. Los mensajes de construcción de carácter y ánimo siempre son buenos. Al señalar errores o malas acciones, utiliza siempre "nosotros" para incluirte a ti mismo.

Al predicar o enseñar en un entorno de cárcel o prisión, ten en cuenta las siguientes pautas:

1. Ajústate al tema y material aprobados.
2. Usa un lenguaje adecuado para la audiencia.
3. Evita tratar temas controvertidos o divisivos.
4. Sé respetuoso con otras religiones y creencias.
5. Usa ejemplos de la vida real para ilustrar tus puntos.
6. Mantén el mensaje positivo y alentador.
7. Proporciona aplicaciones prácticas para el mensaje.
8. Anima a hacer preguntas y participar en discusiones.
9. Sé consciente de las limitaciones de tiempo.
10. Termina con un llamado claro a la acción o una invitación para un estudio más profundo.

COSAS QUE NUNCA SE DEBEN HACER EN UN MENSAJE:

- Nunca regañes a los residentes. Ya han recibido suficiente de esto por parte de familiares, abogados, jueces, etc.
- Nunca hagas declaraciones que puedan ser malinterpretadas por el personal de la prisión como una violación de la seguridad.
- Nunca menosprecies otras religiones.
- Nunca adoptes una actitud de "más santo que tú."
- Nunca hagas preguntas antagónicas o supongas que el grupo está en desacuerdo contigo.

COSAS QUE DEBEN HACERSE EN UN MENSAJE:

- En grupos pequeños, siempre que sea posible, utiliza una disposición de asientos en círculo.
- Fomenta la participación en clase en grupos pequeños. El método de preguntas y respuestas es efectivo. No permitas que una sola persona domine la conversación.
- Asegúrate de que todos tengan el mismo material de lectura y anímalos a seguir la lectura contigo.

- Si necesitas sacar a un estudiante disruptivo de un grupo, sé diplomático y cortés, pero firme. Si es necesario, solicita la cooperación de los oficiales correccionales.

RESPUESTA

Si pides una respuesta del grupo al final del mensaje, como que redediquen sus vidas, sé muy claro sobre lo que deseas que hagan y por qué. Si tienes un grupo grande, es mejor pedirles que levanten la mano en lugar de que pasen al frente (por razones de seguridad).

PARTICIPACIÓN DE LOS RECLUSOS

La participación de los reclusos es una parte importante de los servicios grupales en una cárcel o prisión. Se debe alentar a los internos a participar en las discusiones, hacer preguntas y compartir sus pensamientos y experiencias relacionadas con el tema que se está tratando. Sin embargo, es importante mantener un ambiente respetuoso y ordenado durante el servicio. El facilitador o líder debe estar preparado para redirigir la discusión si se vuelve demasiado emocional o se desvía del tema. Además, no se debe presionar a los internos para que participen o compartan información personal si no se sienten cómodos haciéndolo.

Anima a los reclusos a formar parte del servicio. Por ejemplo, permite que un interno cante un solo o comparta testimonios. Ejercita precaución con respecto al contenido y la duración de la participación de los reclusos. Ten en cuenta que trabajas dentro de un marco de tiempo limitado y solo puedes permitir una cantidad mínima de participación de los internos en cada servicio. Si es necesario, crea una "lista de espera." Asegúrate de revisar las canciones que los internos desean cantar, ya que algunos pueden no elegir música apropiada. Siempre mantén el control. No permitas que ningún interno tome el control de la reunión grupal.

Las reuniones en grupos pequeños, especialmente aquellas que tratan sobre el tema de la adicción, brindan una oportunidad para que todos los internos participen y compartan. Si un interno ataca verbalmente a otro en dichas sesiones, intervén dirigiendo al grupo de regreso a los temas en lugar de enfocarse en las personalidades.

SEGUIMIENTO

El cuidado de seguimiento para los internos que manifiestan su aceptación de Dios durante un llamado al cierre de una reunión grupal o en cualquier otro momento es crucial. Esto puede incluir:

1. Sesiones de consejería de seguimiento con un capellán o voluntario religioso.
2. Acceso a literatura y recursos religiosos.
3. Oportunidades para una educación religiosa o estudio más profundo.
4. Derivación a organizaciones religiosas comunitarias al momento de su liberación.

Es importante garantizar que los internos tengan apoyo continuo mientras crecen en su fe y realizan cambios positivos en sus vidas.

Si es posible, sus nombres deben mantenerse en tus registros y también entregarse al Capellán del personal. Anima a los nuevos creyentes a asistir a sesiones de estudio religioso, servicios religiosos y otras oportunidades edificantes ofrecidas en la institución.

Los nuevos convertidos serán como niños pequeños dando sus primeros pasos. La mayor parte del tiempo, su entorno será hostil y contrario a sus nuevas creencias. Se necesitan apoyo constante, aliento y oración. Deberían:

- Mantenerse espiritualmente activos participando en servicios de adoración, estudios religiosos y otras actividades religiosas.
- Asumir alguna responsabilidad en el ministerio (si están listos para aceptarla). Muchos son muy talentosos y sus habilidades deben ser utilizadas para el servicio de Dios. Un estudio sobre los dones espirituales les ayudará a identificarlos y comenzar a fluir en los dones que Dios les ha dado.
- Ser alentados a continuar asistiendo regularmente a los servicios de adoración y las sesiones de estudio religioso.

CAPÍTULO 04

MINISTERIO A LAS FAMILIAS DE LOS INTERNOS

Este programa de capellanía no recomienda que los capellanes voluntarios sirvan a las familias de los internos, a menos que sea bajo la instrucción y guía del Capellán del personal o de la administración. Sin embargo, ministrar a las familias de los internos es un aspecto importante del ministerio en prisiones. Puede ayudar a aliviar el estrés y la ansiedad que las familias experimentan mientras su ser querido está encarcelado. Aquí hay algunas maneras de ministrar a las familias de los internos:

1. **Proporcionar apoyo emocional:** Las familias de los internos a menudo sienten una gama de emociones, incluyendo vergüenza, enojo y ansiedad. Ofrecer un oído atento y palabras de aliento puede ayudarles enormemente a lidiar con sus sentimientos.

2. **Ofrecer asistencia práctica:** Las familias de los internos pueden enfrentarse a dificultades prácticas como problemas financieros, transporte y cuidado de niños. Brindar ayuda en estas áreas puede aliviar su estrés y hacer su vida un poco más fácil.

3. **Mantenerlos informados:** Las familias de los internos pueden sentirse desconectadas de la vida de su ser querido en prisión. Proveer actualizaciones sobre su bienestar, actividades y progreso puede ayudar a calmar sus preocupaciones.

4. **Orar con y por ellos:** La oración puede ser una fuente poderosa de consuelo y fortaleza para las familias de los internos. Dedicar tiempo para orar con y por ellos puede hacerles sentir apoyados y cuidados.

5. **Conectarles con recursos:** Existen muchos recursos disponibles para las familias de los internos, como grupos de apoyo y servicios de consejería. Proveer información sobre estos recursos puede ayudarles a acceder a la ayuda que necesitan.

CÓMO AYUDAR A LAS FAMILIAS DE LOS INTERNOS

1. **Escuchar:** Una de las cosas más importantes que puedes hacer es escuchar sus preocupaciones y dificultades. A veces, lo único que alguien necesita es a alguien con quien hablar.

2. **Ofrecer apoyo emocional:** Las familias de los internos a menudo se sienten aisladas y avergonzadas. Ofrece apoyo emocional estando presente para ellos y demostrando que te importan.

3. **Proveer asistencia práctica:** Además del apoyo emocional, las familias pueden necesitar ayuda práctica como ayuda para pagar facturas o transporte para visitar a sus seres queridos en prisión.

4. **Conectarles con recursos:** Hay muchos recursos disponibles para ayudar a las familias de los internos, como grupos de apoyo y servicios de consejería. Conéctalos

con estos recursos para ayudarles a navegar los desafíos que enfrentan.

5. **Ofrecer apoyo espiritual:** Si la familia es religiosa, ofrécete a orar con ellos o brindarles orientación y apoyo espiritual.

6. **Abogar por su ser querido:** Las familias pueden no saber cómo navegar el complejo sistema penitenciario. Aboga por su ser querido ayudándoles a entender el proceso legal y defendiendo sus derechos.

7. **Ser paciente y no juzgar:** Recuerda que las familias de los internos están pasando por un momento difícil. Sé paciente y no juzgues en tus interacciones con ellos.

TRANSPORTE Y HOSPITALIDAD

Proporciona transporte hacia y desde la institución para que la familia pueda visitar. Si vives cerca de una prisión, ofrece un lugar para que la familia se quede durante la noche mientras visita. Los estudios han demostrado que los miembros de la familia que mantienen contacto con los internos tienen una influencia positiva en ayudarles a readaptarse a la sociedad al ser liberados.

Algunas maneras de ayudar a las familias de los internos con transporte y hospitalidad incluyen:

1. **Coordinar transporte grupal:** Organizar viajes compartidos o transporte público para visitar a los internos.

2. **Ofrecer alojamiento temporal:** Si es posible, ofrecer un lugar seguro y cómodo para que las familias se queden mientras visitan.

3. **Brindar orientación:** Proveer información sobre opciones de transporte y alojamiento disponibles cerca de la prisión.

4. **Organizar eventos comunitarios:** Planificar reuniones o eventos donde las familias puedan compartir experiencias y recibir apoyo.

Al brindar este tipo de ayuda, puedes marcar una diferencia significativa en la vida de las familias de los internos, ayudándoles a mantener relaciones significativas con sus seres queridos encarcelados y a sobrellevar los desafíos que enfrentan.

1. **Ofrecer transporte**: Brinda transporte a los miembros de la familia para que puedan visitar la prisión u otros propósitos relacionados.
2. **Proveer alojamiento**: Ofrece un lugar donde quedarse a los familiares que vienen de fuera de la ciudad para visitar al interno.
3. **Ayuda alimentaria**: Proporciona comidas o comestibles a las familias que puedan estar pasando dificultades económicas debido a la encarcelación de su ser querido.
4. **Encontrar grupos de apoyo**: Ayuda a localizar grupos de apoyo o servicios de consejería para los miembros de la familia.
5. **Apoyo emocional**: Esté disponible para escuchar y ofrecer apoyo emocional a los familiares que puedan estar experimentando estrés, ansiedad u otras emociones relacionadas con la situación de su ser querido encarcelado.

INFORMACIÓN

Las familias a menudo no saben cómo obtener información, como fechas de juicio, procedimientos para visitas o cómo conseguir representación legal. Puedes ayudar proporcionándoles esta información si te familiarizas con el sistema.

Consejos para obtener información:

1. **Pedir ayuda**: Busca ayuda de profesionales como abogados, trabajadores sociales o proveedores de atención médica. Ellos pueden proporcionar información o referencias.
2. **Investigar**: Realiza investigaciones por tu cuenta en internet o bibliotecas usando fuentes confiables como sitios web gubernamentales o de organizaciones reputadas.
3. **Asistir a reuniones**: Participa en reuniones o grupos de apoyo relacionados con la situación que enfrentas para aprender de otros y recibir orientación.

4. **Contactar organizaciones relevantes**: Comunícate con organizaciones especializadas en el área en la que necesitas información, como sociedades de asistencia legal, grupos de defensa de pacientes u organizaciones comunitarias.
5. **Mantener registros**: Lleva un registro detallado de todas las comunicaciones, incluyendo fechas, horarios y nombres de las personas con las que hablaste. Esto puede ayudarte a hacer un seguimiento de información clave.

SERVICIOS SOCIALES

Comparte información sobre agencias públicas y privadas cuya función sea proporcionar empleo, asistencia legal, vivienda, ayuda financiera, consejería, educación, etc. La familia también puede necesitar ayuda para solicitar estos programas.

Tipos de servicios sociales útiles:

1. **Servicios de empleo**: Las familias que enfrentan dificultades para encontrar trabajo pueden necesitar acceso a programas de capacitación o recursos laborales.
2. **Asistencia legal**: Las familias con un ser querido encarcelado podrían requerir representación legal o ayuda para navegar el sistema legal.
3. **Ayuda para vivienda**: Las familias con dificultades para encontrar vivienda asequible o para pagar el alquiler pueden beneficiarse de programas de asistencia para vivienda.
4. **Asistencia financiera**: Ayuda a las familias a acceder a programas que les proporcionen recursos para cubrir necesidades básicas como alimentos, ropa y servicios públicos.
5. **Consejería y salud mental**: Conecta a las familias con servicios de consejería y apoyo emocional para enfrentar el estrés y la carga emocional de la situación.

Al proporcionar información sobre servicios sociales y conectar a las familias con agencias relevantes, puedes ayudarles a enfrentar los desafíos de tener un ser querido encarcelado y mejorar su bienestar general.

EMPLEO

Si el principal sostén de la familia está encarcelado, su pareja puede necesitar encontrar empleo. Esto es cierto, ya que la ausencia del principal generador de ingresos puede generar una carga financiera para la familia. Además, los costos de las llamadas telefónicas y las visitas al ser querido encarcelado pueden sumar más estrés económico. Existen organizaciones que ofrecen asistencia financiera y programas de capacitación laboral para familias de personas encarceladas para ayudar a aliviar algunos de estos desafíos.

VIVIENDA, ALIMENTOS, ROPA Y FINANZAS

La familia puede necesitar ayuda temporal o permanente con vivienda, alimentos y finanzas para estabilizarse. Si tú o tu lugar de culto ofrecen ayuda financiera, lo ideal es utilizar cheques, si es posible, y hacerlos directamente a nombre de los propietarios, empresas de servicios públicos, etc.

Es correcto. Al brindar asistencia financiera, es mejor usar cheques para garantizar responsabilidad y transparencia. Los cheques deben hacerse directamente a las facturas o gastos involucrados, como el alquiler o las utilidades, en lugar de entregar dinero en efectivo a la familia. Esto asegura que el dinero se use para el propósito previsto y deja un registro de la transacción. También es importante trabajar con recursos locales y agencias de servicios sociales para ayudar a la familia a encontrar vivienda temporal o permanente, alimentos y cubrir otras necesidades básicas.

CONSEJERÍA

La familia completa o miembros individuales de la familia pueden necesitar consejería personal para lidiar con la crisis.

La consejería puede ser muy útil para familias que enfrentan la encarcelación de un ser querido. Puede ayudar a los miembros de la familia a manejar sus emociones, afrontar los desafíos relacionados con la situación y desarrollar estrategias para seguir adelante. Es importante encontrar un consejero calificado con experiencia trabajando con familias afectadas por la encarcelación. Algunas formas de encontrar un consejero incluyen contactar a una clínica local de salud mental o un centro comunitario, buscar organizaciones nacionales de salud mental con capítulos locales o pedir recomendaciones a amigos o familiares de confianza.

REGALOS EN OCASIONES ESPECIALES

La Navidad y los cumpleaños son momentos difíciles tanto para los niños como para sus padres encarcelados. Una forma de ayudar es comprar regalos para estas ocasiones, envolverlos y entregárselos a los niños en nombre del padre encarcelado. Esto anima tanto al interno como al niño.

Si deseas entregar un regalo a un interno o a un miembro de su familia en una ocasión especial, como un cumpleaños o una festividad, es importante verificar primero las políticas y procedimientos de la instalación respecto a los regalos. Algunas instalaciones tienen reglas estrictas sobre los tipos de regalos permitidos, como permitir únicamente artículos comprados a través de un proveedor aprobado. Además, puede haber límites en el valor monetario de los regalos permitidos.

Si se permiten regalos, es importante elegir artículos apropiados y respetuosos. Evita regalos que puedan ser considerados inapropiados o potencialmente peligrosos, como objetos afilados, armas o cualquier cosa que pueda facilitar un intento de escape. Considera regalar artículos que fomenten comportamientos positivos y el crecimiento personal, como libros, materiales educativos o suministros de arte.

También es importante recordar que los regalos no deben ser utilizados como un medio de manipulación o para obtener favores del interno o su familia. Los regalos deben darse con amabilidad y un genuino deseo de ayudar, y no como una forma de ejercer control o influencia sobre el destinatario.

UNA CASA DE ADORACIÓN

Lo más importante que puedes hacer por la familia de un interno es proporcionar una casa de adoración amorosa, solidaria y acogedora.

Sí, ofrecer una casa de adoración que sea acogedora y de apoyo puede ser increíblemente valioso para las familias de los internos. Les proporciona un sentido de comunidad, conexión y guía espiritual durante un momento difícil. Es importante crear un ambiente que sea inclusivo y no juzgador, ya que muchas familias pueden sentirse avergonzadas o aisladas debido al encarcelamiento de su ser querido. Proveer recursos para necesidades prácticas, como capacitación laboral, asistencia financiera y consejería, también puede ser de gran ayuda para apoyar a las familias durante este tiempo desafiante.

CÓMO CONTACTAR A LA FAMILIA DE UN INTERNO

Contactar a la familia de un interno puede ser un asunto delicado, y es importante respetar su privacidad y confidencialidad. Aquí hay algunas pautas generales:

1. **Solicita permiso al interno** antes de contactar a su familia. Respeta sus deseos si prefieren que no lo hagas.
2. **Obtén la información de contacto** de la familia, como el número de teléfono o dirección, si el interno lo permite.
3. **Preséntate** y explica por qué estás contactándolos. Asegúrales que no estás compartiendo información confidencial sobre su ser querido.
4. **Escucha sus preocupaciones** y ofrece apoyo y recursos si es apropiado.
5. **Respeta su privacidad** y no compartas su información con nadie sin su permiso.
6. **Haz un seguimiento** si es necesario, pero sé consciente de sus límites y deseos.
7. **Adapta tu enfoque** a cada situación. Cada familia es única, y lo que funciona para una puede no ser adecuado para otra. Sé flexible y mantén una mente abierta.

Consulta con el Capellán de Personal o la administración de la cárcel o prisión donde ministras para verificar si existen reglas que prohíban contactar a la familia de un interno o si hay un procedimiento establecido que debas seguir. Además, **clarifica el propósito de tu contacto**.

Obtén **permiso por escrito del interno** para que tanto la familia como la institución sepan que tienes la aprobación del interno.

CAPÍTULO 05

CÓDIGOS DE VESTIMENTA EN LOS SISTEMAS PENALES

La mayoría de las instituciones penales tienen códigos específicos de vestimenta y seguridad. Asegúrate de informarte sobre cuáles son antes de visitar la institución. En esta sección, aprenderás los códigos de vestimenta generales aplicables a todas las instituciones. Algunas instituciones prohíben que los visitantes o voluntarios usen colores que se asemejen a los uniformes de los internos o del personal de seguridad. Nuevamente, infórmate sobre las especificaciones antes de visitar. Este Capellanía recomienda que el clero ordenado y los ministros con licencia usen **atuendo cívico**.

Los códigos de vestimenta en el sistema penal se refieren a las normas y regulaciones que rigen la ropa y apariencia de los internos, el personal y los visitantes dentro de las instalaciones correccionales. Las políticas de vestimenta varían según la instalación y están diseñadas para promover la seguridad, el orden y la protección dentro del recinto.

Códigos de vestimenta para internos

Generalmente, los internos deben usar uniformes específicos o ropa estándar provista por la institución. Estos uniformes están diseñados para ser distintivos, duraderos y fácilmente identificables, y pueden variar dependiendo del nivel de seguridad de la instalación. Además, los internos suelen estar sujetos a estándares de aseo personal, como mantener el cabello corto y limpio, afeitarse regularmente y mantener una buena higiene.

Códigos de vestimenta para el personal

El personal también debe adherirse a códigos de vestimenta, que pueden incluir el uso de uniformes o ropa profesional. Además, se les exige mantener estándares de aseo personal, como cabello bien arreglado y evitar joyas o accesorios excesivos que puedan representar un riesgo de seguridad.

Códigos de vestimenta para visitantes

Los visitantes también deben cumplir con los códigos de vestimenta diseñados para garantizar la seguridad y el orden. Se les puede requerir usar ropa modesta y evitar prendas provocativas o asociadas con pandillas. También podrían ser sometidos a procesos de registro y control antes de ingresar a la instalación.

En resumen, los códigos de vestimenta en el sistema penal son un componente esencial para mantener la seguridad, el orden y el respeto dentro de las instalaciones correccionales. Estas políticas promueven un ambiente profesional y respetuoso tanto para los internos como para el personal y los visitantes.

Vestimenta Apropiada

A continuación, se presentan algunas reglas generales sobre vestimenta apropiada aplicables a todas las instituciones:

1. **Ropa limpia y en buen estado:** La ropa debe estar limpia, ordenada y en buenas condiciones.
2. **Evita ropa reveladora o provocativa:** No uses prendas demasiado ajustadas, transparentes o llamativas.
3. **Evita ropa demasiado casual:** No uses shorts, camisetas sin mangas o ropa deportiva.
4. **Nada ofensivo:** No uses ropa con lenguaje o gráficos ofensivos.

5. **Evita ropa demasiado formal:** No se recomienda el uso de vestidos de gala o esmóquines.

6. **Calzado adecuado:** Siempre se deben usar zapatos cómodos y apropiados para caminar.

7. **Accesorios moderados:** Evita joyas o accesorios excesivos que puedan representar un riesgo de seguridad o ser usados como armas.

8. **Prohibición de gorras o sombreros:** Algunas instituciones prohíben el uso de gorras o coberturas para la cabeza.

9. **Cabello limpio y bien cuidado:** Evita peinados que puedan ser utilizados para ocultar contrabando.

10. **Cumple con las políticas específicas:** Sigue las políticas específicas de vestimenta emitidas por la institución que visitas.

No uses ropa ajustada o ceñida al cuerpo.

No uses escotes pronunciados.

Evita camisetas con emblemas o eslóganes como prenda exterior.

No uses ropa relacionada con pandillas.

No uses ropa transparente o reveladora.

No uses pantalones cortos.

Para mujeres:

Los vestidos o faldas deben caer por debajo de la rodilla. Evita ropa que revele las tiras de la ropa interior. (Algunas instituciones prohíben los vestidos y blusas sin mangas por esta razón). Elige vestidos o faldas de longitud a la rodilla o más largos. Evita usar algo demasiado corto o revelador. También es importante evitar ropa que revele tiras de ropa interior, escotes pronunciados o prendas demasiado ajustadas. Algunas instituciones prohíben vestidos o blusas sin mangas, por lo que es mejor consultar con el código de vestimenta de la instalación antes de la visita. Usa zapatos cómodos y cerrados, y evita tacones altos o sandalias.

En general:

Usa ropa apropiada para un entorno empresarial. Ministros ordenados o con licencia deben usar **atuendo cívico.**

"Un buen voluntario seguirá las reglas de la institución, incluso si parecen no tener sentido. Un voluntario indisciplinado puede destruir todo un programa por no obedecer las reglas."

MINISTERIO POST-PRISIONAL

Algunos prisioneros son liberados después de cumplir toda su sentencia según lo prescrito por la ley. En algunas jurisdicciones legales, después de cumplir parte de su sentencia, los prisioneros son elegibles para presentarse ante una junta de libertad condicional. Si se les concede la libertad condicional antes de terminar su sentencia, son liberados con ciertas condiciones, como reportarse regularmente con un oficial de libertad condicional, no asociarse con ex-delincuentes y cumplir con restricciones relacionadas con su lugar de residencia y empleo. Las condiciones de liberación varían y generalmente son establecidas por el tribunal, una junta de libertad condicional o un oficial de libertad condicional.

Los reclusos liberados de prisión enfrentan muchas necesidades al reintegrarse a la sociedad. Esta sección te ayudará a identificar estas necesidades, comprender varios tipos de ministerios post-prisionales y definir tu papel al ministrar a ex-delincuentes.

El **ministerio post-prisional** se refiere al trabajo de apoyar y ministrar a las personas que han sido liberadas de prisión y están en transición de regreso a la sociedad. Esto puede involucrar una variedad de actividades, como proporcionar recursos y apoyo para encontrar empleo y vivienda, ofrecer consejería y orientación espiritual, y conectarlos con programas y servicios comunitarios.

El objetivo del ministerio post-prisional es ayudar a los ex-reclusos a reintegrarse con éxito en la sociedad y evitar la reincidencia (volver a delinquir y regresar a prisión). Este proceso puede ser desafiante, ya que muchas personas anteriormente encarceladas enfrentan obstáculos significativos como limitadas oportunidades laborales, inseguridad habitacional y estigmatización. El ministerio post-prisional puede desempeñar un papel importante al proporcionar una red de apoyo y ayudar a las personas a navegar estos desafíos.

Actividades específicas del ministerio post-prisional incluyen:

1. **Capacitación y colocación laboral:** Muchos ministerios post-prision ofrecen formación vocacional y asistencia para la colocación laboral, ayudando a los ex-reclusos a encontrar un empleo estable y mantenerse económicamente.

2. **Mentoría y consejería:** Los programas de mentoría y servicios de consejería pueden brindar apoyo emocional y orientación para ayudar a las personas a enfrentar los desafíos de la reintegración.

3. **Apoyo espiritual:** Muchos ministerios post-prision ofrecen apoyo y orientación espiritual, lo que puede ayudar a las personas a encontrar significado y propósito en sus vidas y realizar cambios positivos.

4. **Vivienda de apoyo:** Algunos ministerios proporcionan vivienda transicional para personas que tienen dificultades para encontrar un lugar estable después de ser liberadas.

5. **Conexiones comunitarias:** Los ministerios pueden conectar a las personas con programas y servicios comunitarios locales para ayudarlas a acceder a recursos como atención médica, asistencia legal y servicios sociales.

El ministerio post-prisional puede ser una forma poderosa de ayudar a las personas a superar los desafíos de la reintegración y construir una nueva vida fuera de prisión. Al ofrecer apoyo y orientación, estos ministerios pueden ayudar a los ex-reclusos a convertirse en miembros productivos y contribuyentes de la sociedad.

LAS NECESIDADES DE LOS EX-RECLUSOS

Las necesidades de los ex-reclusos son multifacéticas y pueden variar para cada individuo. Sin embargo, algunas necesidades comunes incluyen:

1. **Vivienda:** Los ex-reclusos pueden tener dificultades para encontrar un lugar donde vivir debido a su historial penal. Brindar asistencia para encontrar una vivienda adecuada puede ser beneficioso.

2. **Empleo:** Los ex-reclusos pueden tener problemas para encontrar empleo debido a su historial penal. La asistencia para encontrar oportunidades laborales, redacción de currículums y capacitación en habilidades laborales puede ser útil.

3. **Educación:** Muchos ex-reclusos pueden no haber completado su educación debido al encarcelamiento. La

ayuda para obtener un GED o continuar con su educación puede facilitarles encontrar empleo.

4. **Servicios de salud y salud mental:** Muchos ex-reclusos pueden tener problemas de salud física o mental que necesitan atención. Brindar asistencia para encontrar profesionales de la salud y recursos puede ayudarles a llevar una vida saludable.

5. **Tratamiento contra el abuso de sustancias:** Muchos ex-reclusos enfrentan problemas de abuso de sustancias. Proporcionar recursos y apoyo para el tratamiento de adicciones puede ayudarles a superar su dependencia.

6. **Asistencia financiera:** Los ex-reclusos pueden tener dificultades para llegar a fin de mes debido a la falta de recursos económicos. Brindar asistencia financiera o conectarlos con recursos económicos puede ayudarles a ser autosuficientes.

7. **Comunidad de apoyo:** Los ex-reclusos pueden sentirse aislados y desconectados de sus comunidades. Proporcionar una comunidad de apoyo puede ayudarles a reintegrarse en la sociedad y reducir el riesgo de reincidencia.

Algunos reclusos tienen la bendición de regresar a familias y/o iglesias que les apoyan tras su liberación. Si no cuentan con este apoyo, el ministerio post-prisional se vuelve crucial. Cada persona es diferente y tiene necesidades únicas, pero aquí hay algunas necesidades comunes que la mayoría de los ex-reclusos comparten al ser liberados de una institución:

- **Aceptación en una iglesia local** que sea acogedora y solidaria para que puedan desarrollarse espiritualmente. Invítalos a asistir contigo a la iglesia, siéntate con ellos e invítalos a compartir una comida o un refrigerio después del servicio.
- **Vivienda, alimentos y ropa.** Algunos reclusos necesitan ropa de "calle" y una "caja de libertad condicional" que contenga ropa, ropa interior y zapatos que puedan usar al salir de la prisión.
- **Capacitación laboral.**
- **Asesoramiento financiero, presupuestos, etc.**

- **Consejería familiar** para facilitar la reunificación con sus familias.
- **Consejería personal adicional** para adicciones, como el abuso de drogas o alcohol. Los ex-reclusos pueden encontrar las tentaciones adictivas como una de sus primeras batallas fuera de prisión.
- **Asistencia con la toma de decisiones.** Si han estado encarcelados por mucho tiempo, pueden necesitar ayuda incluso con decisiones simples, ya que en prisión tienen opciones muy limitadas para tomar decisiones.
- **Un sistema de apoyo sólido y una red de amigos** que los amen y acepten, oren por ellos y con ellos, y los ayuden a enfrentar problemas.

CONSEJOS ADICIONALES

Es importante obtener tanta información como sea posible sobre el recluso antes de su liberación. Este conocimiento ayudará en el ministerio post-prisional. Determina sus habilidades laborales y nivel educativo. Averigua a dónde será liberado (a veces se requiere que el recluso vaya a una ubicación geográfica específica). Habla de los planes con los capellanes del personal y las autoridades correspondientes antes de hablar con el recluso al respecto.

No prometas nada que no puedas cumplir.

MINISTERIOS Y RECURSOS POST-PENALES

Existen muchos ministerios y recursos post-penales disponibles para ex-reclusos con el fin de ayudarles a reintegrarse en la sociedad y reducir la probabilidad de reincidencia. A continuación, se presentan algunos ejemplos:

1. **Casas de transición:** Son instalaciones residenciales donde los ex-reclusos pueden vivir mientras hacen la transición de regreso a la sociedad. Estas casas suelen ofrecer servicios de apoyo como capacitación laboral, consejería y tratamiento para el abuso de drogas y alcohol.
2. **Programas de capacitación laboral y colocación:** Muchas organizaciones ofrecen programas específicamente diseñados para ex-reclusos, ayudándoles a

desarrollar nuevas habilidades y encontrar empleo después de su liberación.

3. **Programas de mentoría:** Los ex-reclusos pueden beneficiarse al tener un mentor que les brinde orientación y apoyo durante su reintegración. Muchas organizaciones ofrecen programas de mentoría con este propósito.
4. **Consejería y terapia:** Muchos ex-reclusos enfrentan problemas de salud mental relacionados con su encarcelamiento. La consejería y la terapia pueden ayudarles a procesar sus experiencias y desarrollar estrategias de afrontamiento.
5. **Tratamiento para el abuso de sustancias:** Muchos ex-reclusos luchan con problemas de adicción. Los programas de tratamiento pueden ayudarles a superar su dependencia y prevenir recaídas.
6. **Programas basados en la fe:** Muchas iglesias y organizaciones religiosas ofrecen programas específicamente para ex-reclusos, que incluyen grupos de apoyo, mentoría y capacitación laboral.
7. **Asistencia legal:** Los ex-reclusos pueden enfrentar barreras legales al intentar reintegrarse en la sociedad. Los programas de asistencia legal pueden ayudarles a navegar estos desafíos y evitar problemas legales.
8. **Apoyo comunitario:** Contar con una comunidad solidaria puede marcar una gran diferencia para los ex-reclusos. Muchas organizaciones ofrecen grupos de apoyo y otros recursos para ayudarles a conectarse con personas que atraviesan experiencias similares.

DETERMINANDO TU ROL

¿Cuál será tu papel en el ministerio post-penal? Esto dependerá de las respuestas a las siguientes preguntas:

1. **¿Qué habilidades y capacidades tienes para ofrecer?** ¿Eres un buen oyente? ¿Tienes habilidades de consejería? ¿Eres organizado y capaz de coordinar eventos? ¿Tienes habilidades de enseñanza o mentoría?

2. **¿Cuáles son las necesidades de los ex-reclusos en tu comunidad?** ¿Hay áreas específicas en las que sientas el llamado a servir?
3. **¿A qué recursos tienes acceso?** ¿Existen organizaciones locales o agencias gubernamentales que puedan proporcionar apoyo y asistencia a los ex-reclusos?
4. **¿Qué nivel de compromiso estás dispuesto y puedes asumir?** ¿Tienes tiempo y energía para participar en actividades ministeriales continuas, o prefieres un rol más limitado?

Responder estas preguntas te ayudará a identificar tu rol y las formas en las que puedes servir mejor a los ex-reclusos en tu comunidad a través del ministerio post-penal.

¿QUÉ ESTÁ PERMITIDO EN LA INSTITUCIÓN DONDE MINISTRAS?

Algunas instituciones prohíben que los voluntarios que ministran dentro de la prisión trabajen con los reclusos después de su liberación. Argumentan que, si el recluso regresa a prisión, podría volverse demasiado familiar con el voluntario o recibir tratos especiales debido a su relación fuera de la institución.

Antes de comenzar cualquier ministerio post-penal, es importante consultar con la institución y averiguar qué tipos de servicios y programas están permitidos. Algunas instituciones pueden permitir únicamente ciertos grupos religiosos o tener directrices específicas para la participación de voluntarios. Es fundamental cumplir con estas directrices para mantener una relación positiva con la institución y garantizar que el ministerio sea efectivo.

¿DÓNDE ERES MÁS EFECTIVO?

¿Eres más efectivo ministrando a los internos dentro de la prisión o una vez que han sido liberados? ¿Dónde radican tus intereses y visión? ¿Qué te proporciona mayor gozo y mejores resultados espirituales?

Es importante evaluar dónde puedes ser más efectivo en el ministerio post-penal. Algunas personas pueden ser más efectivas ministrando a los internos mientras están en prisión, mientras que otras pueden estar mejor capacitadas para trabajar con ex-reclusos que han sido liberados. Considera tus habilidades, intereses y experiencias, y consulta con otros líderes del ministerio post-penal para determinar dónde puedes generar un mayor impacto. También es importante recordar que el ministerio post-penal es un esfuerzo en equipo, y diferentes personas pueden desempeñar roles diversos para apoyar a los ex-reclusos mientras se reintegran a la sociedad.

¿CUÁLES SON TUS LIMITACIONES DE TIEMPO Y ENERGÍA?

No puedes ser todo para todos. Debido a restricciones personales de tiempo y energía, es posible que necesites limitarte a ministrar a los internos ya sea dentro de la prisión o tras su liberación, pero no ambos. Además, es importante ser realista sobre la cantidad de tiempo y energía que puedes dedicar al ministerio post-penal. Establece límites y prioriza tus compromisos para evitar el agotamiento y mantener un nivel de participación sostenible.

CÓMO INICIAR UN MINISTERIO POST-PENAL

A continuación, se presentan tres pasos para comenzar un ministerio post-penal:

Paso 1: Ora y busca la guía de Dios

Antes de iniciar cualquier ministerio, es esencial orar y buscar la guía de Dios. Pídele a Dios que revele Su voluntad y plan para tu ministerio post-penal. Busca consejo de otros ministros experimentados y líderes de iglesia. Investiga las necesidades de los ex-reclusos y cómo puedes satisfacer esas necesidades.

Paso 2: Desarrolla un plan ministerial

Elabora un plan ministerial que describa los objetivos, la visión y las estrategias de tu ministerio post-penal. Considera los recursos que necesitas, como voluntarios, finanzas e instalaciones. Determina los tipos de servicios que ofrecerás, como consejería, capacitación laboral y apoyo espiritual. Identifica socios y colaboradores potenciales, como otras iglesias, organizaciones sin fines de lucro y agencias gubernamentales.

Paso 3: Construye relaciones y conecta con los ex-reclusos

Para construir un ministerio post-penal exitoso, necesitas establecer relaciones con los ex-reclusos y sus familias. Asiste a eventos y seminarios de reintegración, visita casas de transición y programas de reingreso, y conecta con oficiales de libertad condicional y otros profesionales del sistema de justicia penal. Asiste a audiencias judiciales y ofrece apoyo a las familias de los internos. Establece una reputación de confianza, confidencialidad y cuidado al demostrar constantemente una actitud cristiana hacia los ex-reclusos y sus familias.

PRIMER PASO: ORA

La oración es el motor de todas las cosas. Ora para que Dios te guíe en lo que Él quiere que hagas en el área de los ministerios post-penales.

PASO DOS: CONSULTE A SU LÍDER ESPIRITUAL

Si es pastor, consulte con su junta directiva. Si es miembro de una iglesia, hable con su pastor. Esto es importante por varias razones:

1. **Guía y apoyo**: Su líder espiritual puede brindarle orientación y apoyo al iniciar su ministerio post-penal. También pueden tener conexiones con otras organizaciones o personas que puedan ayudarle.
2. **Discernimiento y misión**: Su líder espiritual puede ayudarle a discernir si comenzar un ministerio post-penal está dentro del alcance de la misión y los recursos de su iglesia u organización.
3. **Responsabilidad**: Su líder espiritual puede proporcionar supervisión para garantizar que su ministerio se realice de manera ética y efectiva.
4. **Capacitación y recursos**: Pueden ayudarle con la formación y los recursos necesarios para trabajar con ex-reclusos, además de proporcionar apoyo espiritual tanto a usted como a los ex-reclusos a quienes ministra.

En resumen, consultar con su líder espiritual es un paso crucial para iniciar un ministerio post-penal, ya que pueden proporcionar guía, apoyo y recursos importantes.

- Es una cortesía común.
- Los líderes espirituales pueden proporcionar orientación e información valiosa.

- Es posible que su líder espiritual ya tenga planes en marcha para un ministerio similar. Si es así, únase a ellos y no lo contradiga.

PASO TRES: REALICE UN ANÁLISIS

Aquí hay algunas preguntas que debe responder en su análisis:

- **¿Existen ministerios post-penales locales?** Si es así, considere unirse a uno ya establecido.
- **¿Qué necesidades existen en su comunidad con respecto a recursos post-penales?**

Nota: Si su institución no permite su participación con internos después de su liberación o si no tiene tiempo o interés en los ministerios post-penales, puede servir únicamente como un agente de referencia. Haga una lista de iglesias, individuos u organizaciones que trabajan en ministerios post-penales y refiera a los internos a ellos.

Facilitador, no una muleta

Sea cual sea su participación, su rol debe ser el de un facilitador. No se convierta en una muleta para el ex-recluso. Esté disponible, pero no los sofoque. Fomente la autosuficiencia. Es importante recordar que el ministerio post-penal se centra en ayudar a los ex-reclusos a ser autosuficientes y miembros productivos de la sociedad, no en fomentar la dependencia. Su papel como facilitador es brindar apoyo y orientación, pero, en última instancia, el ex-recluso debe asumir la responsabilidad de su vida y hacer cambios positivos.

TIPOLOGÍA INSTITUCIONAL Y DE LOS INTERNOS

La tipología institucional y de los internos se refiere a la categorización de las instalaciones correccionales y las personas que residen en ellas. Existen varias tipologías, cada una con características y clasificaciones propias.

1. **Tipología institucional**:
    - **Prisiones de máxima seguridad**: Para los delincuentes más peligrosos y violentos.
    - **Prisiones de seguridad media**: Para delitos menos graves.

- **Prisiones de mínima seguridad**: Para delincuentes no violentos que se acercan al final de su condena.

2. **Tipología de los internos**:
   - Prisioneros de máxima seguridad.
   - Condenados a cadena perpetua.
   - Delincuentes sexuales.
   - Personas con problemas de salud mental.

Importancia de la tipología

Comprender estas tipologías es crucial para desarrollar programas y servicios efectivos que satisfagan las necesidades de cada población. También garantiza la seguridad del personal correccional y del público.

OBJETIVOS DE ESTA SECCIÓN

Al finalizar esta sección, podrá:

- Demostrar comprensión de los niveles de seguridad institucional.
- Discutir las diferencias entre cárceles, prisiones y otras instalaciones.
- Hablar sobre las tipologías comunes de los internos.

TEMAS CLAVE

- ¿Algunos internos son considerados más peligrosos que otros?
- ¿Existen diferencias entre una cárcel y una prisión?
- ¿Los internos comparten características comunes?
- ¿Cómo responder a alguien que mantiene su inocencia?

Tipología Institucional

Cada cárcel y prisión es única, pero la mayoría de las instituciones se clasifican según el tipo de internos que albergan. Aquí hay algunas tipologías comunes de instituciones:

1. **Prisiones de máxima seguridad**: Estas instituciones albergan a los criminales más peligrosos y

violentos. Los internos en estas instalaciones generalmente están cumpliendo largas condenas por delitos graves como asesinato, violación o agresión agravada.

2. **Prisiones de seguridad media**: Estas instalaciones albergan a internos que han cometido delitos menos graves o que han demostrado buen comportamiento mientras están en prisión. Pueden tener acceso a más privilegios que los internos en instalaciones de máxima seguridad, pero aún son monitoreados de cerca.

3. **Prisiones de mínima seguridad**: Estas instituciones albergan a internos que se consideran de bajo riesgo y no violentos. Pueden tener más libertad de movimiento y acceso a ciertos programas, como los programas de liberación laboral.

4. **Prisiones federales**: Estas instituciones son administradas por la Oficina Federal de Prisiones y albergan a internos que han violado leyes federales. Incluyen tanto instalaciones de máxima como de mínima seguridad.

5. **Cárceles del condado**: Estas instalaciones albergan a individuos que están en espera de juicio o cumpliendo sentencias cortas por delitos menores. Generalmente son administradas por agencias gubernamentales locales.

6. **Centros de detención juvenil**: Estas instituciones albergan a menores que han cometido delitos. Están diseñadas para proporcionar educación, asesoramiento y otros servicios destinados a rehabilitar a los delincuentes juveniles.

Es importante notar que algunas instalaciones pueden ser una combinación de estos tipos o tener su propio sistema de clasificación único.

Instituciones de Máxima Seguridad

Estas instituciones albergan a los internos que representan el mayor riesgo, ya sea por la naturaleza de su crimen o por su comportamiento en prisión. El corredor de la muerte generalmente se encuentra en instituciones de máxima seguridad. Estos internos son supervisados muy de cerca y su participación en programas institucionales dirigidos por voluntarios a menudo está restringida.

Instituciones de Seguridad Media

Estas instituciones albergan a internos menos violentos que no representan un gran riesgo de seguridad o de fuga. No requieren tanta supervisión y pueden tener libertad para participar en programas religiosos.

Instituciones de Mínima Seguridad

Estas instituciones albergan a internos que están cerca de su fecha de liberación, que han sido encarcelados por delitos no violentos o que han demostrado ser extremadamente confiables y dignos de confianza. Incluso pueden trabajar fuera de la prisión en ocasiones y, por lo general, tienen libertad para participar en programas religiosos.

Instituciones con Múltiples Niveles de Seguridad

Algunas instituciones albergan los tres niveles de seguridad en áreas separadas de la misma instalación. Cada uno de estos niveles también se encuentra frecuentemente en cárceles. Las instituciones a veces visten a los internos con uniformes de diferentes colores para identificar los distintos niveles de seguridad.

DIFERENCIAS ENTRE CÁRCELES Y PRISIONES

Aunque las cárceles y las prisiones albergan a personas infractoras, existen diferencias significativas entre ambas. Los reclusos en las prisiones han sido juzgados y condenados, mientras que las cárceles suelen ser el punto de entrada para todos los prisioneros. Muchos de los reclusos en cárceles no han sido condenados aún; la mayoría están esperando juicio, sentencia o transferencia a una instalación de larga duración. Algunos cumplen sentencias tan breves que no justifican enviarlos a una prisión.

Las cárceles y las prisiones son instalaciones correccionales, pero difieren de varias maneras. A continuación, se presentan las principales diferencias:

1. **Propósito**: Las cárceles se utilizan generalmente para albergar a reclusos que están en espera de juicio, sentencia o transferencia a una instalación de largo plazo. Las prisiones son instalaciones de corrección a largo plazo donde los reclusos cumplen sus sentencias.
2. **Duración de la estancia**: Los reclusos en las cárceles suelen tener estancias más cortas, que varían desde unos pocos días hasta un año o más. Los reclusos en las prisiones cumplen sentencias más largas, generalmente de un año o más.
3. **Tamaño**: Las cárceles suelen ser más pequeñas que las prisiones, con menos reclusos y personal. Las prisiones pueden albergar a miles de reclusos y tienen personal más numeroso.
4. **Nivel de seguridad**: Las cárceles generalmente tienen niveles de seguridad más bajos, mientras que las prisiones pueden tener diferentes niveles de seguridad dependiendo del tipo de recluso que alojen.
5. **Financiamiento**: Las cárceles suelen ser financiadas por gobiernos locales, mientras que las prisiones son financiadas por gobiernos estatales o federales.
6. **Programas**: Las cárceles ofrecen menos programas de rehabilitación y educación que las prisiones, las cuales están diseñadas para ayudar a los reclusos a prepararse para su reintegración a la sociedad.
7. **Población de reclusos**: Las cárceles pueden albergar a reclusos con una amplia variedad de cargos, desde delitos menores hasta delitos graves, mientras que las prisiones generalmente albergan a delincuentes más serios.

OTROS TIPOS DE INSTALACIONES

Además de cárceles y prisiones, existen otros tipos de programas de confinamiento, entre ellos:

- **Casas de transición (Halfway Houses)**: Instalaciones residenciales para ex-reclusos que han sido liberados de prisión y necesitan ayuda para reintegrarse a la sociedad.
- **Centros de detención juvenil**: Instalaciones para jóvenes arrestados que están en espera de juicio o cumpliendo una sentencia.
- **Instituciones de salud mental**: Instalaciones para personas con problemas de salud mental que requieren tratamiento y cuidado.
- **Centros de detención de inmigrantes**: Instalaciones para personas que están en espera de deportación o solicitando asilo en un país.
- **Prisiones militares**: Instalaciones para el personal militar que ha cometido delitos mientras estaba en servicio activo.

OTROS PROGRAMAS CORRECCIONALES

- **Centros de liberación laboral**: Permiten a los reclusos tener un empleo en la comunidad durante el día y regresar al centro para su confinamiento por la noche.
- **Casas de transición para libertad condicional (Halfway Houses)**: Son para personas en libertad condicional que deben permanecer en la casa mientras buscan empleo y un lugar permanente para vivir. Pueden estar obligados a completar ciertos programas de asesoramiento o capacitación ofrecidos en la casa de transición.
- **Campamentos de carretera, incendios forestales, bosques o granjas de trabajo**: Programas donde los reclusos trabajan en carreteras, bosques públicos, granjas o combaten incendios.
- **Centros de detención juvenil, salas de detención o reformatorios**: Son generalmente para jóvenes infractores que deben mantenerse separados de los prisioneros mayores.

A pesar del entorno desafiante, las cárceles, prisiones y otros programas penales son algunos de los campos espirituales de cosecha más grandes del mundo. Jesús solo tuvo unos pocos minutos con el ladrón moribundo en la cruz, pero el destino de ese hombre cambió para toda la eternidad.

TIPOLOGÍA DE RECLUSOS

Cada recluso es único. Dios ama a cada uno de ellos y no quiere que nadie perezca. No existe un "recluso típico" a los ojos de Dios, pero hay ciertas características comunes que pueden ayudarte a entender mejor a la mayoría.

La **tipología de reclusos** se refiere a la clasificación de los internos según sus características, comportamientos y necesidades. Estas clasificaciones suelen ser utilizadas por los profesionales penitenciarios para comprender y gestionar mejor la población carcelaria. A continuación, se presentan algunas tipologías comunes de reclusos:

1. **Riesgo de Seguridad**: Reclusos que representan un alto riesgo para la seguridad de la institución, el personal y otros internos.
2. **Riesgo de Violencia**: Reclusos con historial de comportamiento violento o que tienen un alto riesgo de ser violentos.
3. **Afiliados a Pandillas**: Reclusos que son miembros o están afiliados a pandillas.
4. **Abusadores de Sustancias**: Reclusos con historial de abuso o dependencia de drogas o alcohol.
5. **Enfermos Mentales**: Reclusos diagnosticados con enfermedades o trastornos mentales.
6. **Delincuente Sexual**: Reclusos condenados por delitos sexuales.
7. **Recluso de Alto Perfil**: Reclusos famosos o muy conocidos, como celebridades o políticos.
8. **Reclusos Mayores**: Reclusos mayores de 55 años que tienen necesidades especiales relacionadas con su edad.

9. **Reclusos con Discapacidades**: Reclusos con discapacidades físicas o cognitivas que requieren adaptaciones.

10. **Delincuente Primerizo**: Reclusos que cumplen su primera sentencia y pueden tener necesidades únicas debido a su falta de experiencia en el sistema de justicia penal.

PERFIL DE LOS RECLUSOS

1. **Nivel educativo**: Con frecuencia, el nivel educativo de los reclusos es bajo.

2. **Ambiente familiar**: Los reclusos a menudo provienen de hogares con abuso, divorcio, poca supervisión y falta de disciplina.

3. **Capacitación vocacional**: Muchos reclusos tienen poca o ninguna formación laboral. Es posible que hayan tenido dificultades para conseguir o mantener un empleo o que hayan trabajado en empleos de bajos salarios.

4. **Autoimagen**: Los reclusos suelen tener una baja autoestima debido al rechazo de la sociedad, amigos y/o familia.

5. **Perfiles emocionales**: Muchos reclusos sufren culpa por lo que han hecho o por el daño causado a sus familias. La depresión, la desesperanza y la hostilidad son comunes.

6. **Responsabilidad social**: Algunos reclusos tienen un sentido limitado de responsabilidad social. Pueden no sentir remordimiento por su crimen o creer que el sistema fue injusto con ellos al enviarlos a prisión.

7. **Delitos comunes**: Cuatro delitos representan la mayoría de los reclusos en la mayoría de los países: robo, allanamiento de morada, asesinato y violaciones relacionadas con narcóticos. Otros delitos comunes incluyen ofensas sexuales, secuestro, agresión, malversación, falsificación y fraude.

DISRUPCIONES EN EL MINISTERIO PENITENCIARIO

Es importante tener en cuenta que algunos reclusos pueden asumir roles disruptivos dentro del ministerio penitenciario. Estos son algunos ejemplos:

1. **El Dominante**: Intenta dominar la discusión o tomar el control del grupo, dificultando la participación de otros.
2. **El Disruptor**: Interrumpe deliberadamente el grupo haciendo ruido, hablando fuera de turno o realizando otros comportamientos disruptivos.
3. **El Crítico**: Es excesivamente crítico con el ministerio, el facilitador o los demás participantes, dificultando mantener un ambiente positivo y de apoyo.
4. **La Víctima**: Utiliza el ministerio como una plataforma para expresar quejas y buscar simpatía, a menudo eclipsando las necesidades de otros en el grupo.
5. **El Manipulador**: Intenta manipular al ministerio y a sus participantes para su beneficio personal, como buscar favores o un trato especial.

Es fundamental estar alerta ante estas posibles interrupciones y tomar medidas para prevenirlas o gestionarlas, con el fin de mantener un entorno seguro y productivo en el ministerio.

Los interrumpidores pueden asistir a la clase de Biblia como estudiantes aparentemente sinceros, pero luego interrumpen la lección haciendo preguntas imposibles de responder. Pueden tratar de contar historias escandalosas sobre la iglesia y los ministros o convertir el tiempo de testimonios en una sesión de quejas. Mantén el control de las sesiones grupales redirigiendo continuamente al grupo al tema en cuestión.

Los buscadores perpetuos responden a cada llamado al altar debido a una falta de comprensión sobre qué es la conversión, un deseo de complacerte, o porque han vivido como pecadores desde la última vez que respondieron. Continúa recibiéndolos cálidamente cuando respondan y ora con ellos. Cuando estén seguros en su relación con Dios y comprendan realmente la conversión, se producirá un cambio.

Los manipuladores son aquellos que pueden ser encantadores y agradables, pero intentan usarte para sus propios fines.

Reclusos institucionalizados son aquellos que han estado confinados durante un largo período de tiempo y tienen dificultades para funcionar fuera de un entorno institucional. Si regresan a prisión después de salir en libertad condicional, no te desanimes. Pueden ser sinceros en su confesión al Señor, pero simplemente necesitan más habilidades para adaptarse a la vida fuera de la institución.

Recuerda, estas características no son ciertas para todos los reclusos. Algunos son muy educados y tienen trabajos bien remunerados. Algunos provienen de buenos hogares y familias de apoyo. Algunos son buscadores sinceros, deseosos de aprender acerca de Dios. Estas características generales se basan en numerosos estudios de la mayoría de los reclusos.

Lo más importante es recordar ver a cada recluso no como fueron, ni siquiera como son, sino como los hombres y mujeres de Dios que llegarán a ser cuando el Evangelio impacte sus vidas sobrenaturalmente.

¿ALGUNOS SON INOCENTES?

Muchos reclusos mantienen su inocencia. Para algunos que son culpables, esto puede ser un mecanismo de escape; no pueden enfrentar lo que hicieron, por lo que racionalizan o culpan a otros. Sin embargo, algunos reclusos que afirman ser inocentes realmente lo son. Ha habido muchos casos en los que se ha liberado a reclusos después de probarse más allá de toda duda razonable que fueron condenados erróneamente. Esto también se aplica a ex-reclusos del corredor de la muerte.

Es común que algunos reclusos mantengan su inocencia incluso después de ser condenados y cumplir condena. Sin embargo, es importante recordar que el sistema de justicia penal está diseñado para proporcionar un proceso de juicio justo e imparcial, y los individuos son presumidos inocentes hasta que se demuestre su culpabilidad más allá de toda duda razonable. También es importante reconocer que existen casos en los que personas inocentes han sido condenadas erróneamente, y se deben hacer esfuerzos para abordar estos casos y prevenir futuras condenas injustas.

No estás allí para juzgar la culpabilidad o inocencia de un recluso. Estás allí para ser un amigo y ministrar el amor de Dios a ellos. Sé un apoyo. Diles que orarás para que Dios tome control de su caso y se haga justicia.

Recuerda que, por diversas razones, muchos héroes de la fe terminaron con antecedentes penales. José pasó al menos dos años en prisión después de ser falsamente acusado de intento de violación (Génesis 39). Sansón fue encarcelado por los filisteos (Jueces 16). Jeremías fue puesto en la mazmorra del rey Sedequías dos veces, una por predicar mensajes impopulares y otra cuando fue falsamente acusado de traición (Jeremías 32, 37).

En el Nuevo Testamento, muchos de los apóstoles fueron encarcelados por los saduceos (Hechos 5). Herodes encarceló a Juan el Bautista (Mateo 4) y a Pedro (Hechos 12), así como a Pablo. El apóstol Pablo tuvo un extenso historial de prisión. Cumplió sentencias en Jerusalén (Hechos 23), Cesarea (Hechos 23), una cárcel local en Filipos (Hechos 16) y en Roma.

A lo largo de la historia de la iglesia, los cristianos han sido encarcelados. John Bunyan y Dietrich Bonhoeffer son dos creyentes notables que fueron encarcelados. La China moderna, Rusia y Uganda han sido testigos de miles de creyentes que fueron encarcelados y martirizados.

Jesús dijo que ser un cristiano fiel podría llevar a la prisión (Mateo 10 y 24). A la inversa, ser un prisionero también puede llevar a la fe, como descubrió un recluso en el corredor de la muerte en el Calvario.

CAPÍTULO 06
CAPELLANES DE CUIDADOS DE LA SALUD

(Hospital / Hospicio / Cuidados Paliativos / Hogar de Ancianos)

CAPELLANES HOSPITALARIOS

Los capellanes de cuidados de la salud son miembros del clero capacitados para brindar atención espiritual y apoyo a pacientes y sus familias en hospitales, hospicios, centros de cuidados paliativos y hogares de ancianos. Ofrecen una amplia gama de servicios, que incluyen consejería, oración, sacramentos y apoyo emocional.

El rol principal de un capellán de cuidados de la salud es proporcionar cuidado espiritual a los pacientes y sus familias. Trabajan en estrecha colaboración con el personal médico para garantizar que se satisfagan las necesidades físicas, emocionales y espirituales de los pacientes. Los capellanes también pueden brindar apoyo a los miembros del personal que enfrentan situaciones difíciles o que experimentan agotamiento.

Algunos de los servicios específicos que brindan los capellanes de cuidados de la salud incluyen:

- **Consejería y apoyo emocional:** Los capellanes están capacitados para escuchar activamente y ofrecer apoyo emocional a pacientes y sus familias. También pueden brindar orientación y consejería para ayudar a las personas a afrontar situaciones difíciles.
- **Oración y guía espiritual:** Los capellanes pueden ofrecer oración y otras formas de guía espiritual a los pacientes y sus familias, independientemente de su tradición religiosa.
- **Ministerio sacramental:** Los capellanes de cuidados de la salud pueden administrar sacramentos como la comunión, la unción de los enfermos y el bautismo.
- **Cuidado al final de la vida:** Los capellanes pueden apoyar a pacientes y familias mientras navegan por decisiones relacionadas con el final de la vida. También pueden ofrecer apoyo en el duelo a los familiares después del fallecimiento de un ser querido.

En general, los capellanes de cuidados de la salud desempeñan un papel vital al proporcionar atención integral a los pacientes y sus familias. Trabajan como parte de un equipo multidisciplinario para garantizar que se aborden todos los aspectos del bienestar de un paciente, incluidas sus necesidades espirituales y emocionales.

PASTOR INTERNO PARA EL PERSONAL

En el entorno a menudo estresante y exigente de los cuidados de la salud, el capellán es un amigo comprensivo y confidente. El capellán puede ofrecer una escucha atenta y un punto de vista pastoral al personal que enfrenta problemas personales o profesionales. Los miembros del personal que no tienen un ministro propio suelen buscar el consejo del capellán, especialmente durante momentos de necesidad familiar personal o presiones laborales. Como capellán voluntario, se te puede pedir en cualquier momento que ministres al personal del hospital.

Un capellán de cuidados de la salud también puede servir como pastor interno para los miembros del personal. El capellán puede ofrecer apoyo emocional y espiritual a enfermeros, médicos y otros profesionales de la salud que enfrentan situaciones difíciles y factores estresantes regularmente. Esto es particularmente importante en entornos de alta presión como salas de emergencia, unidades de cuidados intensivos y entornos de cuidados paliativos.

ENLACE CON EL CLERO LOCAL

Por lo general, los capellanes de cuidados de la salud ven a los pacientes o residentes antes de que sus ministros estén al tanto de la hospitalización. Con el permiso del paciente o residente, el capellán puede llamar al pastor, sacerdote, rabino u otro líder religioso de la familia. El capellán proporciona cuidado pastoral y apoyo hasta que llegue el ministro del paciente o residente. Como capellán voluntario, puedes ser solicitado para participar en estos servicios.

Como enlace con el clero local, los capellanes de cuidados de la salud pueden ayudar a conectar a los pacientes o residentes con su propia comunidad de fe si lo desean. También pueden colaborar en la coordinación de visitas de clérigos o líderes religiosos locales. Además, los capellanes de cuidados de la salud pueden trabajar con comunidades de fe locales para proporcionar apoyo adicional y recursos a pacientes y residentes, como visitas de voluntarios, transporte a servicios religiosos y consejería espiritual.

Contacto para la Comunidad

El Capellán del Personal, a menudo actuando como el representante de relaciones públicas religiosas de la instalación de atención médica, está capacitado para coordinar los servicios proporcionados por el clero para la comunidad. El Capellán puede organizar seminarios y talleres sobre temas como visitas a pacientes/residentes, enfermedades terminales, muerte y el proceso de duelo. Además, el Capellán está disponible para hablar en iglesias cuando el ministro regular no está presente.

Asimismo, como contacto con la comunidad, el capellán de atención médica puede ayudar a coordinar servicios religiosos y apoyo para pacientes y sus familias. Esto incluye contactar a clérigos locales para proporcionar servicios religiosos específicos o apoyo para pacientes de una fe particular, así como colaborar con organizaciones comunitarias para brindar recursos adicionales. El capellán también puede facilitar la comunicación entre la instalación de atención médica y la comunidad en general sobre los servicios y apoyos religiosos disponibles para pacientes y familias.

Apoyo para las Familias de los Pacientes/Residentes

El Capellán del Personal puede ofrecer apoyo emocional y espiritual a las familias de los pacientes/residentes que puedan estar pasando por momentos difíciles. Puede proporcionar consuelo, orientación y oración durante tiempos de angustia, ayudando a los familiares a afrontar la situación. Además, el Capellán puede brindar recursos y referencias para obtener apoyo adicional según sea necesario.

Consejero de Duelo

Es importante señalar que, si bien algunos capellanes de hospicio pueden brindar consejería de duelo, no necesariamente forma parte de sus funciones principales. La consejería de duelo también puede ser proporcionada por otros miembros del equipo de atención médica, como trabajadores sociales o psicólogos. Sin embargo, los capellanes de hospicio pueden ofrecer apoyo espiritual y emocional tanto al paciente como a sus familiares durante el cuidado al final de la vida y, si es necesario, continuar brindando apoyo después del fallecimiento del paciente.

Consejero

El rol de consejero se menciona con frecuencia en relación con el ministerio hospitalario. Algunos capellanes lo ven como el ministerio principal y el que se utiliza inicialmente al acercarse a un paciente. Un consejero se define como una persona que satisface las necesidades del paciente. El deber del capellán como consejero es descubrir la naturaleza de las necesidades del paciente en ese momento y satisfacer esas necesidades, sean cuales sean. Por lo tanto, no es raro que los capellanes de atención médica brinden servicios de consejería a pacientes, familias y miembros del personal.

Pueden ofrecer apoyo emocional y espiritual durante momentos difíciles, incluidos enfermedades, pérdidas y cuidados al final de la vida. Los capellanes también pueden trabajar con equipos médicos para abordar cuestiones relacionadas con el bienestar psicológico y emocional de los pacientes. Los servicios de consejería pueden incluir sesiones individuales o grupales, así como referencias a otros profesionales de la salud o recursos comunitarios según sea necesario.

Además, el rol del Capellán como consejero también abarca tanto temas espirituales como personales. Por ejemplo, los pacientes pueden necesitar consejería sobre ética médica o problemas familiares, mientras que los empleados del hospital pueden necesitar consejería sobre problemas personales o laborales.

Consolador

El rol del Capellán como consolador es fundamental en el ministerio de atención médica. Brinda apoyo emocional y espiritual a los pacientes y sus familias, especialmente en tiempos de crisis, enfermedad o muerte. El Capellán ofrece una escucha atenta, una presencia calmante y oraciones o rituales religiosos según los deseos del paciente o la familia.

Además, los capellanes pueden ofrecer orientación y recursos a quienes enfrentan problemas espirituales o existenciales, ayudándoles a encontrar significado y esperanza en situaciones difíciles.

Funcionario Religioso

Como funcionario religioso, el Capellán del Personal trabaja para garantizar que se satisfagan las necesidades religiosas y espirituales de los pacientes y el personal. Puede realizar servicios religiosos como bautismos, bodas o funerales, y también brindar apoyo y orientación a quienes enfrentan dificultades con su fe o creencias espirituales. Además, el Capellán del Personal puede colaborar con los administradores del hospital para asegurarse de que las políticas y prácticas del hospital estén alineadas con los principios religiosos y espirituales.

Embajador de Dios

Como embajador de Dios, el Capellán es un siervo, representante de la iglesia y testigo. En tiempos de crisis, el Capellán asegura el amor y la preocupación de Dios. A menudo, este papel de embajador se lleva a cabo con su mera presencia. Como representante de Dios, el Capellán puede mostrar compasión, misericordia, cuidado y amor.

Algunos podrían referirse específicamente a este ministerio como el ministerio de la presencia o el "ministerio encarnacional." Sin embargo, el ministerio del Capellán como embajador de Dios a menudo va más allá de la mera presencia, incluyendo también la presentación de la espiritualidad. Guiar en oración a un paciente para que exprese confianza en Dios sería apropiado para el Capellán en este rol de embajador.

Por lo tanto, el Capellán podría desempeñar el papel de embajador de Dios, quien, en la expresión de ese rol, realiza muchas funciones. Como "embajador," el Capellán puede desempeñarse como "consejero" en situaciones particulares. Sin embargo, en este rol, el Capellán sigue siendo principalmente un "embajador" que realiza la función de "consejero."

Motivador

En este rol, el Capellán motiva a los pacientes a fortalecer su voluntad de mejorar y los ayuda a mantener el deseo de vivir. El Capellán está allí para ayudar al paciente a ver las cosas que valen la pena vivir y las consecuencias de rendirse demasiado pronto.

Es importante destacar que, aunque el estímulo es un aspecto crucial del rol del Capellán, nunca debe ir en detrimento de la autonomía o la capacidad de toma de decisiones del paciente. El Capellán debe trabajar en colaboración con el paciente, respetando sus deseos y metas para su cuidado, sin presionarlos hacia ciertas decisiones o creencias. Además, el Capellán debe trabajar dentro de sus límites profesionales y referir al paciente a los profesionales médicos o de salud mental apropiados cuando sea necesario.

Compañero

En el rol de compañero, el Capellán "se une al que sufre, entra en el dolor, enfrenta el absurdo, desciende al infierno... no minimiza ni mitiga el sufrimiento, sino que ayuda al que sufre a poner el sufrimiento en perspectiva." Este ministerio consiste en identificarse con el paciente y convertirse en un compañero compasivo.

El rol de compañero es crucial en la capellanía, ya que implica empatizar con el paciente y entrar en su dolor y sufrimiento. El Capellán actúa como una presencia de apoyo y un compañero en el viaje del paciente, ayudándolo a encontrar significado y propósito en su experiencia. También está allí para ayudar al paciente a dar sentido a su sufrimiento y ofrecer consuelo y apoyo mientras navega por emociones y experiencias difíciles. Este rol requiere una escucha profunda y la disposición de estar completamente presente con el paciente, sin importar cuán difícil sea la situación.

Como ocurre con este y todos los roles mencionados, un Capellán, en general, trata de ser un compañero compasivo con el paciente y atravesar la enfermedad junto a él como amigo y testigo de Dios. Sin embargo, como en todos estos roles, el Capellán no puede cumplir con todos los requisitos que el rol exige. El Capellán no puede entrar completamente en el mundo del que sufre, pero sí puede señalar al que sufre hacia aquel que es capaz de entrar plenamente en su mundo.

Nota Importante

Cuando se desempeñe como Capellán Voluntario en el entorno de atención médica, una de las cosas más importantes que recordar es: **Nunca reunirse con pacientes o grupos a solas (siempre debe estar presente un miembro del personal).**

CAPÍTULO 07

EL CONCEPTO DE HOSPICIO

El concepto de hospicio es un tipo de atención al final de la vida que se centra en el confort y la calidad de vida de las personas con enfermedades terminales. La atención de hospicio implica un equipo de profesionales de la salud, incluidos médicos, enfermeros, trabajadores sociales y capellanes, que trabajan juntos para proporcionar cuidados médicos, manejo del dolor, apoyo emocional y espiritual, y asistencia práctica a los pacientes y sus familias.

El enfoque del hospicio reconoce que el final de la vida es una parte natural e inevitable de la experiencia humana y busca promover el confort y la dignidad de los pacientes, al mismo tiempo que proporciona apoyo y orientación a sus seres queridos. La atención de hospicio generalmente se brinda en el hogar del paciente, pero también puede ofrecerse en hospitales, hogares de ancianos y centros de hospicio.

El equipo de hospicio trabaja estrechamente con los pacientes y sus familias para desarrollar un plan de atención personalizado que aborde sus necesidades y preferencias únicas. Esto puede incluir manejo del dolor, control de síntomas, apoyo emocional y orientación espiritual. Además, el equipo proporciona asistencia práctica con actividades diarias, como bañarse, vestirse y preparar comidas, según sea necesario.

La atención de hospicio suele estar cubierta por Medicare, Medicaid y muchos planes de seguros privados, lo que la convierte en una opción accesible para muchos pacientes y familias. Los servicios de hospicio pueden proporcionarse mientras la condición del paciente cumpla con los criterios de elegibilidad y el paciente y su familia continúen deseando la atención de hospicio.

¿QUÉ ES UN CAPELLÁN DE HOSPICIO?

Un capellán de hospicio es un proveedor de atención espiritual capacitado que ofrece apoyo emocional y espiritual a pacientes y sus familias en el cuidado al final de la vida. Trabajan en entornos de hospicio, brindando consejería espiritual, apoyo emocional y orientación a pacientes y sus familias mientras enfrentan los aspectos físicos, emocionales y espirituales de la muerte.

Los capellanes de hospicio suelen ser ministros ordenados, aunque también pueden ser laicos que han completado una formación especializada en atención espiritual. Trabajan estrechamente con el equipo interdisciplinario de hospicio, que incluye enfermeros, trabajadores sociales y médicos, para garantizar que se satisfagan las necesidades espirituales y emocionales del paciente. Los capellanes de hospicio respetan las creencias y preferencias del paciente y trabajan para brindar una atención sensible y solidaria.

Un capellán de hospicio es una parte vital del equipo general de hospicio. El equipo de hospicio generalmente consiste en médicos, enfermeros, auxiliares, trabajadores sociales, capellanes del personal y capellanes voluntarios.

Aunque el capellán no es parte del equipo médico, está capacitado para escuchar y ser una presencia reconfortante y de apoyo en un momento difícil.

Los capellanes de hospicio en el personal dedican gran parte de su tiempo simplemente sentándose con pacientes moribundos y escuchándolos hablar. El deber más importante de los capellanes es brindar consejería espiritual y apoyo. Si se solicita, los capellanes pueden realizar servicios religiosos de su propia fe, absteniéndose de proselitismo.

Dado que las fundaciones de hospicio reciben fondos gubernamentales, los servicios deben ser no confesionales. Los capellanes de hospicio visitan al paciente y a su familia con la frecuencia o la poca frecuencia que se solicite. La mayoría visita al paciente al menos una vez a la semana. Si el paciente es activo en una iglesia, el capellán mantiene contacto con el ministro y otros miembros de la iglesia. También están disponibles para oraciones o consejería.

Los voluntarios que han recibido capacitación en hospicio también pueden asistir a los capellanes del personal en la atención a la familia.

Rol en el Equipo de Hospicio

El capellán de hospicio desempeña un papel importante en el equipo interdisciplinario de profesionales de la salud que cuidan a pacientes en las etapas finales de sus vidas. Proporcionan apoyo emocional y espiritual a los pacientes y sus familias, ayudándolos a encontrar significado y paz en las etapas finales de la vida.

El capellán trabaja estrechamente con otros miembros del equipo de hospicio, como enfermeros, trabajadores sociales y consejeros, para brindar atención integral al paciente y sus seres queridos. Ayudan a los pacientes a explorar sus creencias y valores, y ofrecen consejería espiritual y orientación según sea necesario.

El capellán de hospicio también colabora con la comunidad religiosa o el clero del paciente, si corresponde, para coordinar servicios y proporcionar apoyo. Pueden facilitar rituales o prácticas religiosas según las solicitudes del paciente o la familia y ayudar a conectar a las personas con los recursos y sistemas de apoyo adecuados.

Por lo tanto, el capellán de hospicio es un miembro integral del equipo de hospicio, proporcionando consuelo y apoyo a quienes enfrentan el final de la vida.

Conceptos Erróneos sobre el Cuidado de Hospicio

Aquí algunos conceptos erróneos comunes sobre el cuidado de hospicio:

1. **El cuidado de hospicio es solo para personas mayores:**
No es exclusivo para personas mayores. Está destinado a personas de cualquier edad que tengan una enfermedad terminal y un pronóstico de seis meses o menos de vida.

2. **El cuidado de hospicio significa perder la esperanza:**
No significa perder la esperanza, sino cambiar el enfoque de un tratamiento curativo al cuidado de confort, aprovechando al máximo el tiempo restante.

3. **El cuidado de hospicio es costoso:**
Está cubierto por Medicare, Medicaid y la mayoría de los planes de seguros privados. Además, se ofrece independientemente de la capacidad de pago del paciente.

4. **El cuidado de hospicio significa estar conectado a máquinas:**
El cuidado de hospicio se centra en la calidad de vida y el confort, no en el uso de equipos médicos o tratamientos que puedan causar molestias o dolor.

5. **El cuidado de hospicio es solo para pacientes con cáncer:**
Está disponible para pacientes con cualquier enfermedad terminal, no solo cáncer.

6. **El cuidado de hospicio es solo para los últimos días de vida:**
Puede comenzar tan pronto como un paciente sea diagnosticado con una enfermedad terminal y tenga un pronóstico de seis meses o menos. Iniciar el cuidado temprano puede ayudar a manejar mejor los síntomas y mejorar la calidad de vida.

7. **El cuidado de hospicio es lo mismo que el cuidado paliativo:**
Aunque ambos se enfocan en mejorar la calidad de vida y manejar síntomas, el cuidado de hospicio es específicamente para pacientes con una enfermedad terminal y un pronóstico de seis meses o menos. El cuidado paliativo puede proporcionarse

en cualquier etapa de la enfermedad, incluso si el paciente aún recibe tratamiento curativo.

Mitos adicionales sobre el Cuidado de Hospicio:

- **Es caro:** Medicare y los seguros privados generalmente cubren el costo completo del cuidado de hospicio. Existen algunas excepciones, y los proveedores de salud pueden ayudar a aclarar qué está cubierto y qué no.
- **Significa que has fracasado en tu lucha contra la enfermedad:** El hospicio no es un juicio sobre tus esfuerzos o los de tu médico. Es una oportunidad para elegir cómo deseas pasar tus últimos días, por ejemplo, en casa en lugar de en un hospital.
- **Significa que morirás pronto:** ¡Incorrecto! Muchas personas bajo cuidado de hospicio viven durante meses. El cuidado de hospicio se enfoca en hacer que los días finales sean cómodos y dignos.
- **Hay que esperar hasta el último momento:** Aunque muchos pacientes de hospicio solo aprovechan este cuidado en la última semana de vida, Medicare cubre hasta seis meses de cuidado de hospicio.

La elección de terminar la vida

¿Por qué una persona podría optar por no recibir cuidados de hospicio al final de su vida?

La respuesta a menudo está relacionada con lagunas financieras en la cobertura de Medicare y seguros privados. Elementos como la nutrición intravenosa y algunos tratamientos de quimioterapia no están cubiertos. Para recibir cuidados de hospicio, una persona puede tener que dejar de usar medicamentos que extienden la vida (pero no curan la enfermedad).

Existen varias razones por las cuales una persona podría elegir no recibir cuidados de hospicio al final de su vida, entre ellas:

1. **Preferencia personal:** La persona puede tener creencias personales fuertes o valores culturales que prohíben o desalientan el uso de cuidados de hospicio.
2. **Falta de información:** La persona o su familia pueden no tener suficiente conocimiento sobre los cuidados de

hospicio y no comprender completamente los beneficios de este tipo de atención.

3. **Miedo:** La persona puede tener temores o conceptos erróneos sobre los cuidados de hospicio, como pensar que significan rendirse o que podrían acelerar la muerte.

4. **Preocupaciones financieras:** El costo de los cuidados de hospicio puede ser un problema, especialmente si no cuentan con cobertura de seguros o tienen recursos financieros limitados.

5. **Deseo de tratamientos agresivos:** Algunas personas prefieren continuar con tratamientos médicos agresivos, incluso al final de la vida, y no desean hacer la transición a cuidados de hospicio.

Es importante recordar que los cuidados de hospicio son una decisión personal, y las personas deben recibir información adecuada y apoyo para tomar una decisión informada que mejor se ajuste a sus necesidades y valores.

Glosario de términos de hospital/hospicio

1. **Cuidados de hospicio:** Tipo de atención brindada a personas con una enfermedad terminal, enfocada en proporcionar comodidad y apoyo en lugar de intentar curar la enfermedad.

2. **Cuidados paliativos:** Atención dirigida a personas con enfermedades graves para aliviar síntomas y mejorar la calidad de vida, sin buscar curar la enfermedad.

3. **Enfermedad terminal:** Enfermedad o condición que no puede ser curada y se espera que resulte en la muerte.

4. **DNR (No resucitar):** Abreviatura de "Do Not Resuscitate," indicando que el paciente no desea recibir reanimación cardiopulmonar (RCP) en caso de paro cardíaco o respiratorio.

5. **Directiva anticipada:** Documento legal que detalla los deseos de una persona respecto al tratamiento médico si no puede comunicarse o tomar decisiones por sí misma.

6. **Solo medidas de confort (CMO):** Orden médica que indica que el enfoque de la atención está en proporcionar comodidad al paciente, en lugar de intentar curar la condición subyacente.
7. **Manejo del dolor:** Uso de medicamentos, terapia física y otras técnicas para controlar el dolor en pacientes con dolor crónico o agudo.
8. **Tratamiento para prolongar la vida:** Intervenciones médicas utilizadas para extender la vida en pacientes con enfermedades graves o terminales.
9. **Equipo de hospicio:** Grupo de profesionales de la salud que trabajan juntos para brindar cuidados de hospicio, incluyendo médicos, enfermeros, trabajadores sociales, capellanes y voluntarios.
10. **Cuidados de relevo:** Tipo de atención proporcionada a cuidadores de personas con enfermedades graves, permitiéndoles tomar un descanso de sus responsabilidades de cuidado.
11. **Duelo:** Periodo de luto y dolor tras la muerte de un ser querido.
12. **Consejería para el duelo:** Asesoramiento ofrecido a personas que experimentan dolor y luto después de la muerte de un ser querido.
13. **Atención espiritual:** Atención enfocada en las necesidades espirituales y emocionales de las personas, incluyendo consejería, oración y apoyo de líderes religiosos.
14. **Sedación terminal:** Uso de medicamentos para inducir un estado de sedación profunda en un paciente terminal con síntomas incontrolables, como dolor o agitación.
15. **Anormal:** Fuera de la norma esperada o no característico de un paciente en particular. En el contexto médico, "anormal" generalmente se refiere a algo que se desvía del rango o patrón habitual de salud, comportamiento o resultados de pruebas de un paciente.

Agudo: De inicio repentino, en referencia a una enfermedad. "Agudo" a menudo también connota una enfermedad de corta duración, de progresión rápida y que requiere atención médica urgente.

¡Correcto! El término "agudo" se usa para describir una condición médica o enfermedad que aparece repentinamente y suele ser grave. Se utiliza en contraste con "crónico", que se refiere a una condición que se desarrolla lentamente y persiste durante un período prolongado. Las condiciones agudas pueden requerir atención médica de urgencia, mientras que las crónicas suelen manejarse con tratamiento continuo y monitoreo a largo plazo.

Dolor agudo: Dolor que aparece repentinamente pero tiene una duración limitada. ¡Correcto! El dolor agudo generalmente es causado por una lesión o inflamación y dura un período limitado, usualmente menos de seis meses.

Analgésico: Medicamento que alivia el dolor. ¡Correcto! Un analgésico es un medicamento utilizado para aliviar el dolor. Ejemplos incluyen analgésicos de venta libre como el acetaminofén e ibuprofeno, así como medicamentos recetados como opioides.

Anemia: Deficiencia de glóbulos rojos en la sangre. La anemia es una condición médica en la que una persona tiene un número más bajo de lo normal de glóbulos rojos o hemoglobina en la sangre, lo que resulta en una capacidad reducida de transportar oxígeno. Los síntomas de la anemia pueden incluir fatiga, debilidad, dificultad para respirar y piel pálida.

Anorexia: Pérdida de apetito, que resulta en la incapacidad de comer. La anorexia es un trastorno alimenticio caracterizado por un peso corporal anormalmente bajo, un miedo intenso a ganar peso y una percepción distorsionada del peso y la forma corporal. No es solo una pérdida de apetito, sino una condición médica y psicológica compleja.

Duelo anticipado: Sentimiento de dolor y pérdida antes de que ocurra la muerte. El duelo anticipado se refiere al duelo experimentado en anticipación a una pérdida, típicamente la muerte de un ser querido. Puede incluir sentimientos de tristeza, miedo, ira y otras emociones, y ocurre cuando una persona o su ser querido tiene una enfermedad terminal o enfrenta una situación que amenaza la vida.

Antiemético: Sustancia o procedimiento que alivia las náuseas y vómitos. Correcto, un antiemético es una sustancia o medicamento utilizado para prevenir o aliviar las náuseas y los vómitos. Funciona bloqueando las señales al cerebro que desencadenan estos síntomas.

Muerte apropiada: El tipo de muerte elegido por uno mismo. El término "muerte apropiada" generalmente se refiere a una muerte que es consistente con los valores, creencias y preferencias del individuo. También puede implicar evitar intervenciones médicas que la persona considere innecesarias o demasiado gravosas. Lo que se considera una muerte apropiada puede variar según las creencias culturales, espirituales y personales de cada individuo.

Nutrición e hidratación artificial: Suplementa o reemplaza la alimentación y bebida ordinaria mediante una mezcla químicamente equilibrada de nutrientes y líquidos administrada a través de un tubo colocado directamente en el estómago, el intestino superior o la vena.

Autoeutanasia: Suicidio. Lo siento, pero esta definición no es precisa. "Autoeutanasia" no es un término comúnmente utilizado ni significa "suicidio". La eutanasia se refiere al acto de terminar intencionalmente la vida de alguien para aliviar su sufrimiento, a menudo en el contexto de un paciente terminal con dolor insoportable.

Autopsia: Examen de un cuerpo después de la muerte para descubrir la causa del fallecimiento o la extensión de una enfermedad. Correcto, una autopsia es un examen médico del cuerpo después de la muerte para determinar la causa del fallecimiento o identificar enfermedades o lesiones que pudieron contribuir a ello.

Duelo: Período de dolor tras la muerte de un ser querido. ¡Correcto! El duelo se refiere al estado de pena y luto tras la pérdida de un ser querido, así como al período en el cual la persona afligida experimenta estas emociones.

Biopsia: Examen microscópico de tejido corporal para diagnóstico. Una biopsia es un procedimiento médico que implica la extracción de una muestra de tejido o células del cuerpo para examinarlas bajo un microscopio. Generalmente se realiza para diagnosticar o descartar ciertas condiciones o enfermedades, como cáncer o infecciones. Las muestras de tejido o células pueden obtenerse mediante diversos métodos, como biopsia por aguja, biopsia quirúrgica o biopsia endoscópica.

Bolo: Una dosis de medicamento inyectada de una vez. Un bolo también puede referirse a una gran cantidad de comida o líquido que se traga rápidamente.

Obstrucción intestinal: Algo en el intestino que impide el paso de las heces. La obstrucción intestinal es un bloqueo en el intestino delgado o grueso que impide o ralentiza el paso de heces o gases. Puede ser causado por factores como tumores, tejido cicatricial, hernias, inflamación o torsión del intestino. Los síntomas pueden incluir dolor abdominal, hinchazón, náuseas, vómitos y estreñimiento. Las opciones de tratamiento dependen de la gravedad y la causa de la obstrucción, e incluyen desde medicamentos y reposo intestinal hasta cirugía.

Régimen intestinal: Instrucciones proporcionadas por una enfermera al paciente y al cuidador sobre cómo establecer evacuaciones regulares de desechos. El régimen intestinal se refiere a un conjunto de instrucciones dadas por profesionales de la salud para ayudar a los pacientes o cuidadores a establecer movimientos intestinales regulares. Esto puede incluir recomendaciones sobre dieta, consumo de líquidos, ejercicio y medicamentos para prevenir o aliviar problemas intestinales como el estreñimiento.

Dolor irruptivo: Dolor que ocurre entre las dosis de analgésicos narcóticos, para el cual se administra un medicamento menos potente hasta que se pueda administrar nuevamente el narcótico. El dolor irruptivo es un tipo de dolor que aparece a pesar del uso regular de medicamentos para el dolor. A menudo es un dolor repentino e intenso que "atraviesa" la medicación y puede ocurrir entre dosis. Para manejar este tipo de dolor, el proveedor de atención médica puede recetar un medicamento analgésico de acción rápida que se tome según sea necesario, además del medicamento regular, para proporcionar un alivio más inmediato.

Bomba CADD/PCA:

- **CADD** significa "Dispositivo de Administración Continua Ambulatoria" y es un tipo de bomba de infusión utilizada para administrar medicamentos de manera subcutánea o intravenosa.
- **PCA** significa "Analgesia Controlada por el Paciente", que es un método de manejo del dolor que permite al paciente autoadministrarse pequeñas dosis de medicamento para el dolor mediante una bomba de infusión.

Cáncer: Crecimiento anormal de células que tienden a proliferar de manera descontrolada y, en algunos casos, a metastatizar (diseminarse). Sí, esa es una definición correcta de cáncer. Es una enfermedad compleja caracterizada por el crecimiento y la diseminación descontrolados de células anormales en el cuerpo, lo que puede llevar a diversos síntomas y complicaciones de salud. El cáncer puede afectar cualquier parte del cuerpo y tiene varios tipos, con diferentes causas, factores de riesgo y opciones de tratamiento.

Capacidad: En relación con la toma de decisiones al final de la vida, un paciente tiene capacidad para tomar decisiones médicas si es capaz de comprender los problemas médicos y los riesgos y beneficios de las opciones de tratamiento disponibles. La capacidad del paciente para comprender otros conceptos no relacionados no es relevante. Correcto. En ética médica, la capacidad se refiere a la habilidad del paciente para tomar decisiones informadas sobre su atención médica. Un paciente con capacidad de toma de decisiones puede entender su situación médica, la naturaleza y propósito de cualquier tratamiento o procedimiento propuesto, los riesgos y beneficios de cada opción, y las consecuencias de su decisión. La capacidad es determinada por un profesional de la salud y la evaluación debe centrarse en la capacidad del paciente para tomar una decisión específica en un momento específico, en lugar de en sus habilidades mentales generales.

Reanimación cardiopulmonar (RCP): La reanimación cardiopulmonar es un conjunto de procedimientos utilizados cuando el corazón y/o la respiración de una persona se detienen. La RCP se realiza con el objetivo de intentar reiniciar el corazón y la respiración. Puede incluir solo respiración boca a boca o comprensiones torácicas para imitar la función del corazón y hacer que la sangre circule. También se utiliza frecuentemente una descarga eléctrica y medicamentos para estimular el corazón.

Además, la RCP es una serie de procedimientos de emergencia realizados cuando el corazón de una persona deja de latir o cuando deja de respirar. El objetivo es mantener el flujo sanguíneo y la oxigenación hacia los órganos vitales hasta que llegue ayuda médica avanzada. La RCP incluye compresiones torácicas, respiración de rescate y, si es necesario, desfibrilación. Es una técnica que salva vidas y puede realizarse tanto en un hospital como fuera de él.

Quimioterapia: Administración oral o intravenosa de medicamentos que destruyen células cancerosas. La quimioterapia es un tipo de tratamiento contra el cáncer que implica el uso de medicamentos para destruir células cancerosas. Estos medicamentos pueden administrarse por vía oral o intravenosa y están diseñados para atacar y eliminar las células cancerosas que se dividen rápidamente. La quimioterapia puede utilizarse sola o en combinación con otros tratamientos, como cirugía y radioterapia, para tratar diferentes tipos de cáncer. Los medicamentos específicos utilizados y la duración del tratamiento dependen del tipo y estadio del cáncer que se trate.

Dolor crónico: Dolor duradero y continuo. El dolor crónico se define como aquel que dura más de tres meses o persiste más allá del período esperado de curación. Puede ser causado por diversos factores, como lesiones, enfermedades o daño en los nervios, y puede tener un impacto significativo en la calidad de vida de una persona.

Coma: Un estado profundo y prolongado de inconsciencia. El coma es una condición médica caracterizada por un estado prolongado de inconsciencia profunda. Las personas en coma no responden a estímulos externos, como sonidos, tacto o dolor. También pueden carecer de un ciclo de sueño-vigilia, y sus ojos pueden permanecer cerrados o abrirse solo de manera intermitente. El coma puede ser causado por diversos factores, como lesiones traumáticas en el cerebro, accidentes cerebrovasculares, sobredosis de drogas, infecciones o anormalidades metabólicas. La gravedad y la duración del coma varían según la causa y las circunstancias individuales.

El tratamiento del coma generalmente implica abordar la causa subyacente, monitorear los signos vitales, brindar cuidados de apoyo y, en algunos casos, utilizar medicamentos para intentar mejorar la función cerebral. En algunos casos, las personas en coma pueden recuperar gradualmente la conciencia y recuperarse, mientras que en otros pueden sufrir daño cerebral permanente y discapacidades.

Servicio de despedida: Breve ceremonia en el lugar del entierro.

Un servicio de despedida es una ceremonia breve que se lleva a cabo junto a la tumba o en el sitio donde se depositarán los restos de una persona fallecida. Este tipo de servicio suele realizarse después de un funeral o servicio conmemorativo y está destinado a proporcionar cierre para los familiares y amigos.

Durante un servicio de despedida, se puede realizar una oración o bendición final, y el ataúd o urna puede bajarse al suelo o colocarse en un nicho o mausoleo. Dependiendo de las tradiciones y creencias de la familia, también pueden realizarse lecturas, himnos u otros rituales.
El servicio de despedida es, a menudo, una ocasión solemne y emocional que brinda una oportunidad para que los seres queridos se despidan por última vez y rindan homenaje al fallecido.

Estreñimiento: Movimientos intestinales infrecuentes y, a menudo, incompletos.

El estreñimiento es lo opuesto a la diarrea y comúnmente es causado por el síndrome del intestino irritable (SII), diverticulosis y medicamentos. Paradójicamente, el estreñimiento también puede ser causado por el uso excesivo de laxantes. El cáncer de colon también puede estrechar el colon y, de este modo, causar estreñimiento. Una dieta rica en fibra puede aliviar frecuentemente el estreñimiento. Si la dieta no ayuda, se justifica una evaluación médica.
Sí, esa es una descripción precisa del estreñimiento. Es una condición común caracterizada por movimientos intestinales infrecuentes y, a menudo, incompletos. La frecuencia y la consistencia de los movimientos intestinales pueden variar de una persona a otra, pero típicamente, si una persona tiene menos de tres movimientos intestinales por semana, puede considerarse estreñida.

Existen muchas causas potenciales de estreñimiento, incluyendo una dieta baja en fibra, ingesta inadecuada de líquidos, falta de actividad física, ciertos medicamentos (como los opioides o anticolinérgicos), síndrome del intestino irritable (SII), y otras condiciones médicas que afectan el sistema digestivo, como la diverticulosis, el cáncer de colon o trastornos tiroideos.

En algunos casos, paradójicamente, el uso excesivo de laxantes también puede conducir al estreñimiento. Esto se debe a que el colon puede volverse dependiente de los laxantes para funcionar correctamente, y los músculos y nervios del colon pueden volverse menos sensibles con el tiempo.

El tratamiento del estreñimiento típicamente implica hacer cambios en el estilo de vida, como aumentar la ingesta de fibra, beber más líquidos y participar en actividad física regular. También pueden usarse laxantes de venta libre o ablandadores de heces en algunos casos. Si el estreñimiento persiste a pesar de estas intervenciones, se justifica una evaluación médica para descartar condiciones médicas subyacentes y determinar si es necesario el uso de medicamentos con receta u otras intervenciones.

Curable: Agradable a una cura, capaz de ser curado, ser sanado y restablecido.

La mayoría de los cánceres de piel, afortunadamente, son curables. La palabra cura proviene del latín "cura", que significa cuidado, preocupación o atención.

Sí, eso es correcto. "Curable" se refiere a una condición que es susceptible de ser curada, lo que significa que puede ser sanada o restablecida. Muchas condiciones médicas son curables, mientras que otras pueden ser tratables pero no curables, lo que significa que se pueden manejar o controlar, pero no eliminar por completo. En el contexto de la atención médica, el término "cura" se refiere típicamente a la resolución de una enfermedad o condición, a menudo con la ayuda de tratamiento médico o intervención. Por ejemplo, muchos tipos de cáncer de piel pueden ser curados con detección temprana y tratamiento, como cirugía, radioterapia o medicamentos tópicos.

La palabra "cura" proviene del latín "cura", que significa cuidado, preocupación o atención. Esto refleja la idea de que curar una enfermedad requiere atención cuidadosa sobre la condición del paciente, así como el uso de tratamientos médicos apropiados e intervenciones.

Decúbito: Inflamación o úlcera en la piel sobre una prominencia ósea (también conocida como úlcera por presión o llaga de cama); plural: decúbitos.

Sí, eso es correcto. El decúbito, también conocido como úlcera por presión o llaga de cama, se refiere a una zona de inflamación, lesión o ulceración que se desarrolla en la piel sobre una prominencia ósea, como las caderas, los talones o las nalgas. Las úlceras por decúbito suelen ocurrir en individuos que están postrados en cama o tienen movilidad limitada, debido a la presión o fricción sobre el área afectada durante un período prolongado de tiempo. El término "decúbito" proviene del latín "decumbere", que significa "acostarse". El plural de decúbito es "decúbitos".

Las úlceras por decúbito pueden variar en gravedad, desde enrojecimiento leve e irritación hasta heridas profundas y abiertas que pueden ser difíciles de curar. También pueden aumentar el riesgo de infección y otras complicaciones, especialmente en individuos con sistemas inmunitarios debilitados.

Prevención de úlceras por decúbito

La prevención de úlceras por decúbito implica un giro y reposicionamiento regular de los pacientes inmóviles, así como proporcionar un acolchado y soporte adecuados para reducir la presión y fricción sobre las prominencias óseas. El tratamiento de las úlceras por decúbito generalmente involucra el cuidado de las heridas, que incluye la limpieza y el vendaje del área afectada, y también puede implicar el uso de medicamentos para controlar el dolor o prevenir infecciones. En casos graves, puede ser necesaria una intervención quirúrgica.

Deshidratación:

Pérdida excesiva de agua de los tejidos del cuerpo. Sí, eso es correcto. La deshidratación es una condición que ocurre cuando hay una pérdida excesiva de agua de los tejidos del cuerpo. El agua es esencial para muchas funciones corporales, incluyendo el mantenimiento de la presión arterial, la regulación de la temperatura corporal y el transporte de nutrientes y productos de desecho a través del cuerpo. Cuando el cuerpo pierde más agua de la que ingiere, puede ocurrir deshidratación.

La deshidratación puede resultar de una variedad de factores, como la sudoración debido a la exposición al calor o el ejercicio, vómitos o diarrea, micción excesiva o ingesta inadecuada de líquidos. Los síntomas de la deshidratación pueden variar de leves a graves e incluyen boca seca, sed, fatiga, mareos y confusión. En casos graves, la deshidratación puede provocar convulsiones, inconsciencia o incluso la muerte.

El tratamiento de la deshidratación generalmente implica reemplazar los líquidos y electrolitos que se han perdido por sudoración, vómitos o diarrea. Esto se puede lograr bebiendo líquidos que contienen agua y electrolitos, como bebidas deportivas o soluciones orales de rehidratación. En casos graves de deshidratación, puede ser necesaria la hospitalización para recibir líquidos intravenosos y electrolitos.

La prevención de la deshidratación implica asegurar una ingesta adecuada de líquidos, especialmente durante momentos de mayor pérdida de agua debido a la sudoración o enfermedades. Es importante beber agua y otros líquidos a lo largo del día, especialmente durante el clima cálido o cuando se realice actividad física.

Negación:

Negarse a creer que la muerte ocurrirá o ha ocurrido. La negación puede referirse a la negativa a creer que la muerte ocurrirá o ha ocurrido, pero es importante señalar que la negación también puede referirse a una gama más amplia de comportamientos y emociones que los individuos pueden mostrar cuando enfrentan eventos difíciles o traumáticos.

En el contexto de la muerte y el morir, la negación puede manifestarse como la negativa a aceptar que un ser querido está muriendo, la creencia de que el diagnóstico es erróneo o la renuencia a discutir cuestiones de fin de vida. La negación puede ser una respuesta normal y natural al shock y el trastorno emocional de un diagnóstico terminal o la muerte de un ser querido.

Sin embargo, la negación persistente o prolongada puede impedir que los individuos y sus familias accedan al apoyo médico y emocional adecuado, y también puede dificultar la planificación para el cuidado de fin de vida o tomar decisiones importantes. Es importante que los individuos y sus familias reconozcan y aborden los sentimientos de negación, y busquen el apoyo y la orientación de profesionales de la salud u otros recursos, como el cuidado paliativo o el asesoramiento en duelo.

También es importante señalar que la negación puede ocurrir en una variedad de contextos más allá de la muerte y el morir, como en respuesta a eventos traumáticos u otras circunstancias difíciles de la vida. En estas situaciones, la negación puede servir como un mecanismo de afrontamiento para proteger a los individuos de emociones abrumadoras o sentimientos de impotencia. Sin embargo, al igual que la negación en el contexto de la muerte y el morir, la negación persistente o prolongada puede impedir que los individuos accedan al apoyo y los recursos que necesitan para avanzar y sanar.

Depresión:

Es una enfermedad que involucra el cuerpo, el estado de ánimo y los pensamientos, y que afecta la forma en que una persona come, duerme, se siente sobre sí misma y piensa sobre las cosas. La depresión no es lo mismo que un estado de ánimo pasajero o triste. No es un signo de debilidad personal ni una condición que pueda desearse que desaparezca. Las personas con depresión no pueden simplemente "recuperarse" y mejorar por sí solas. Sin tratamiento, los síntomas pueden durar semanas, meses o incluso años. Sin embargo, el tratamiento adecuado puede ayudar a la mayoría de las personas con depresión.

Los signos y síntomas de la depresión incluyen la pérdida de interés en actividades que antes eran interesantes o agradables, incluyendo el sexo; pérdida de apetito, con pérdida de peso, o comer en exceso, con aumento de peso; pérdida de expresión emocional (afecto plano); un estado de ánimo persistentemente triste, ansioso o vacío; sentimientos de desesperanza, pesimismo, culpabilidad, inutilidad o impotencia; aislamiento social; fatiga inusual, bajo nivel de energía, sensación de estar lento; alteraciones del sueño e insomnio, despertar temprano o dormir en exceso; dificultad para concentrarse, recordar o tomar decisiones; inquietud o irritabilidad inusuales; problemas físicos persistentes como dolores de cabeza, trastornos digestivos o dolor crónico que no responden al tratamiento, y pensamientos de muerte o suicidio o intentos de suicidio.

Los principales tipos de depresión se llaman depresión mayor, distimia y trastorno bipolar (enfermedad maníaco-depresiva).

DME (Equipo médico duradero):

Equipo médico duradero, es decir, cama hospitalaria, commode de cabecera, silla de ruedas, colchones especiales, oxígeno, banco para la ducha, y similares.

Sí, eso es correcto. DME significa "equipo médico duradero", que se refiere a una categoría de equipo médico diseñado para proporcionar beneficios terapéuticos a pacientes con ciertas condiciones médicas o discapacidades. El equipo médico duradero está destinado para su uso a largo plazo y se utiliza generalmente en un entorno doméstico, aunque también puede usarse en otros entornos de atención, como hospitales o residencias de ancianos.

Ejemplos de equipo médico duradero incluyen camas hospitalarias, sillas de ruedas, andadores, equipos de oxígeno, commodes, sillas para ducha y colchones especializados. Estos dispositivos pueden ser recetados por proveedores de atención médica como parte del plan de tratamiento de un paciente para manejar síntomas, prevenir complicaciones o mejorar la función y la movilidad.

El equipo médico duradero puede estar cubierto por seguros, incluidos Medicare y Medicaid, aunque la cobertura puede variar según el dispositivo específico y las circunstancias individuales del paciente. Es importante trabajar con proveedores de atención médica y compañías de seguros para determinar qué dispositivos están cubiertos y cómo obtenerlos.

El uso y mantenimiento adecuado del equipo médico duradero son importantes para garantizar la seguridad y eficacia. Los pacientes y cuidadores deben recibir capacitación sobre el uso adecuado y la limpieza de los dispositivos y seguir las instrucciones proporcionadas por el fabricante o el proveedor de atención médica.

Orden de no reanimar (DNR):

Una orden de no reanimar (DNR) es una orden médica escrita por un médico que instruye a los proveedores de atención médica a no realizar la reanimación cardiopulmonar (RCP) en caso de un paro cardíaco o respiratorio. La orden también puede especificar otras intervenciones médicas que deben ser retenidas, como ventilación artificial o desfibrilación.

Las órdenes de DNR generalmente se escriben a solicitud del paciente o de la familia del paciente, y están destinadas a pacientes que están gravemente enfermos o cerca del final de la vida. La decisión de proceder o no con la RCP es profundamente personal y compleja, y debe tomarse en consulta con los proveedores de atención médica y los seres queridos.

Es importante tener en cuenta que una orden de DNR no significa que el paciente no recibirá ningún tratamiento médico en caso de una emergencia o crisis médica. Los pacientes con una orden de DNR aún pueden recibir otras intervenciones médicas, como el manejo del dolor, antibióticos o terapia de oxígeno, según sus circunstancias individuales y objetivos de tratamiento.Una orden de DNR no hospitalaria es un tipo específico de orden de DNR escrita para individuos que están en casa o en otro entorno no hospitalario y que no desean recibir RCP. Estas órdenes pueden ser firmadas por un médico, enfermero profesional o asistente médico, y generalmente se mantienen en un lugar visible, como en el refrigerador o cerca de la cama del paciente, para que los servicios de emergencia puedan localizarlas fácilmente en caso de emergencia.

Tarjeta de Donante:

Especifica la forma en que una persona desea que su cuerpo sea utilizado para fines médicos después de su muerte. Una tarjeta de donante es un documento que indica los deseos de una persona para la donación de órganos y tejidos después de su muerte. Es un documento legal que puede ser utilizado para dar permiso para la donación de órganos, tejidos y otros componentes médicos con el fin de realizar un trasplante o para la investigación.

Las tarjetas de donante

Se pueden obtener de una variedad de fuentes, incluyendo hospitales, consultorios de médicos y organizaciones de obtención de órganos. Generalmente requieren que la persona proporcione su nombre, fecha de nacimiento e información de contacto, así como información sobre sus preferencias de donación.

La información en una tarjeta de donante tiene carácter vinculante legalmente y puede ser utilizada para guiar la toma de decisiones médicas en caso de fallecimiento de la persona. Es importante que los individuos discutan sus deseos de donación con sus seres queridos y lleven consigo una copia de su tarjeta de donante en todo momento.

La donación de órganos y tejidos después de la muerte puede ayudar a salvar o mejorar la vida de otras personas, y es una forma poderosa de retribuir a la comunidad. Al completar una tarjeta de donante y discutir los deseos de donación con los seres queridos, los individuos pueden asegurarse de que sus deseos sean respetados y de que dejen un legado duradero de generosidad y compasión.

Disnea:

La disnea se refiere a una sensación subjetiva de dificultad para respirar o falta de aire. Es un síntoma común que puede ser causado por una amplia gama de condiciones médicas subyacentes, incluyendo enfermedades del corazón y los pulmones, asma, enfermedad pulmonar obstructiva crónica (EPOC), ansiedad y ejercicio intenso. La disnea puede manifestarse como una sensación de opresión en el pecho, respiración rápida o superficial, o una sensación de hambre de aire. Puede ir acompañada de otros síntomas como tos, sibilancias o fatiga. En algunos casos, la disnea puede ser una emergencia médica que requiera atención inmediata, como en el caso de un ataque de asma grave o un infarto de miocardio.

El tratamiento de la disnea depende de la causa subyacente e incluye medicamentos, terapia con oxígeno, ejercicios de respiración o cambios en el estilo de vida, como dejar de fumar o perder peso. Es importante que las personas que experimentan disnea busquen evaluación médica y tratamiento para identificar y manejar la causa subyacente.

Servicios Médicos de Emergencia (EMS):

Los Servicios Médicos de Emergencia (EMS) son un sistema de agencias gubernamentales y privadas que brindan atención médica de emergencia a personas necesitadas, generalmente fuera de las instalaciones de atención médica. El objetivo principal de EMS es proporcionar atención de emergencia rápida, eficiente y eficaz a aquellos que están heridos o experimentan una emergencia médica. El personal de EMS incluye típicamente paramédicos, técnicos en emergencias médicas (EMT), primeros respondedores y personal de ambulancias. Están capacitados para evaluar y estabilizar a los pacientes en situaciones de emergencia, proporcionar soporte vital avanzado y transportar a los pacientes a las instalaciones médicas adecuadas para recibir tratamiento adicional.

Los servicios de EMS pueden incluir despacho médico de emergencia, que brinda orientación telefónica a los llamantes en situaciones de emergencia, así como unidades móviles de cuidados intensivos y transporte aéreo médico para pacientes gravemente enfermos o heridos. El personal de EMS también puede ofrecer educación pública y capacitación sobre temas como RCP, primeros auxilios y prevención de lesiones.

EMS desempeña un papel crucial en el sistema de atención médica, proporcionando atención de emergencia esencial a las personas necesitadas y ayudando a garantizar que los pacientes reciban tratamiento médico oportuno y adecuado.

Emesis:

La emesis se refiere al acto de vomitar o el material que es expulsado del estómago durante el vómito. El vómito es un reflejo que ayuda al cuerpo a deshacerse de sustancias ingeridas que pueden ser perjudiciales o irritantes. La emesis puede ocurrir por diversas razones, como infecciones virales o bacterianas, mareos por movimiento, embarazo, ciertos medicamentos o condiciones médicas que afectan el sistema gastrointestinal o otros órganos.

El material que se expulsa durante la emesis

puede incluir alimentos parcialmente digeridos, ácido estomacal y otros contenidos del estómago. En algunos casos, la emesis puede ir acompañada de otros síntomas como náuseas, mareos y sudoración. El tratamiento para la emesis depende de la causa subyacente e incluye medicamentos para controlar las náuseas y el vómito, cambios en la dieta o intervenciones adicionales para abordar la condición subyacente.

Elogio:

Un elogio es un discurso formal o tributo escrito que se ofrece en honor a alguien que ha fallecido recientemente. Los elogios suelen pronunciarse en funerales, servicios conmemorativos u otras reuniones para honrar y recordar la vida de la persona fallecida.

Los elogios suelen incluir anécdotas personales y recuerdos, así como reflexiones sobre la vida y los logros de la persona homenajeada. El orador también puede ofrecer palabras de consuelo y apoyo a los familiares y amigos que están de luto.

Los elogios pueden ser pronunciados por familiares, amigos, líderes religiosos o cualquier otra persona que tenga una relación cercana con el fallecido. Pueden presentarse en un estilo formal o informal, dependiendo de las preferencias del orador y de la naturaleza de la reunión.

Por lo tanto, los elogios son una forma importante de honrar y recordar la vida de alguien que ha fallecido, y de ofrecer consuelo y apoyo a quienes están de luto.

Eutanasia:

La eutanasia es un tema muy controvertido que implica terminar intencionalmente con la vida de una persona para aliviar su sufrimiento debido a una enfermedad grave o lesión. Existen dos tipos de eutanasia: la eutanasia activa, que implica tomar medidas específicas para terminar con la vida de una persona (como administrar una inyección letal), y la eutanasia pasiva, que consiste en retirar o no administrar tratamientos que prolongarían la vida de la persona. En la mayoría de los países, incluidos Estados Unidos, la eutanasia es ilegal. Sin embargo, existen algunas excepciones en ciertos estados o países donde ciertas formas de muerte asistida o suicidio asistido por un médico pueden ser permitidas bajo estrictas pautas legales y éticas. Los defensores de la eutanasia argumentan que puede ayudar a aliviar el sufrimiento de pacientes terminales que están en gran dolor y sin esperanza de recuperación. Sin embargo, los opositores a la eutanasia sostienen que terminar intencionalmente con la vida de una persona es inmoral y va en contra de los principios de la ética médica y del valor de la vida humana.

Es importante señalar que existen formas alternativas de atención al final de la vida disponibles, como el cuidado paliativo y la atención en hospicios, que se centran en proporcionar consuelo y apoyo a los pacientes que se acercan al final de su vida.

Duelo:

El duelo es una respuesta natural a la pérdida y puede involucrar una variedad de reacciones emocionales, físicas y conductuales. Aunque la experiencia del duelo puede variar de una persona a otra y dependiendo de la naturaleza de la pérdida, algunas reacciones comunes incluyen:

• Emocionales: tristeza, ira, culpa, ansiedad, desesperación, entumecimiento, conmoción, anhelo y, a veces, alivio
• Físicas: fatiga, insomnio, cambios en el apetito, pérdida o aumento de peso, dolores y molestias, dolores de cabeza y otros síntomas físicos
• Conductuales: dificultad para concentrarse, aislamiento de actividades sociales, irritabilidad, inquietud y cambios en las rutinas o hábitos.

El duelo es un proceso que puede llevar tiempo, y no hay una única forma "correcta" de hacer frente a la pérdida. Algunas personas pueden encontrar útil hablar con amigos, familiares o un terapeuta sobre sus sentimientos, mientras que otras prefieren vivir el duelo de manera más privada. Es importante cuidarse durante el proceso de duelo y buscar ayuda si es necesario.

Agente de atención médica:

Un agente de atención médica es una persona designada para tomar decisiones médicas en nombre de otra persona que ya no puede tomar esas decisiones por sí misma. Esto puede ocurrir cuando una persona queda incapacitada debido a una enfermedad o lesión y ya no puede comunicarse ni tomar decisiones sobre su atención médica. Un agente de atención médica generalmente se designa en una directiva anticipada, que es un documento legal que detalla los deseos de una persona sobre el tratamiento médico en caso de que no pueda tomar sus propias decisiones. El agente de atención médica es responsable de seguir los deseos de la persona según lo establecido en la directiva anticipada, y de tomar decisiones que estén en el mejor interés de la persona.

Es importante elegir un agente de atención médica que entienda y respete tus deseos, y que esté dispuesto y sea capaz de cumplir con esos deseos, incluso en circunstancias difíciles o emocionales. También es importante discutir tus deseos con tu agente de atención médica y con otros seres queridos, para que todos comprendan tus deseos y puedan trabajar juntos para asegurarse de que se respeten.

Medidas heroicas:

Las medidas heroicas se refieren a intervenciones médicas de emergencia que se utilizan para mantener la vida en situaciones críticas o que amenazan la vida. Estas medidas pueden incluir soporte vital cardiaco avanzado (ACLS), resucitación cardiopulmonar (RCP), ventilación mecánica, medicamentos intravenosos y otras intervenciones.

Las medidas heroicas se utilizan típicamente en situaciones de emergencia cuando la vida de una persona está en peligro inminente, como en casos de paro cardíaco o trauma severo. Están destinadas a mantener viva a una persona el tiempo suficiente para permitir un tratamiento médico más definitivo, como una cirugía o atención médica especializada.

Aunque las medidas heroicas pueden salvar vidas, también son invasivas y pueden ser incómodas o incluso dolorosas para la persona que las recibe. Además, pueden ser costosas y, en algunos casos, pueden no ser efectivas para salvar la vida de la persona. Como resultado, es importante que las personas discutan sus preferencias de atención médica con sus proveedores de atención médica y sus seres queridos con anticipación, para que se respeten sus deseos en caso de una emergencia médica.

Hospicio:

El cuidado de hospicio es un tipo especializado de atención médica que se enfoca en brindar consuelo y apoyo a las personas que están cerca del final de su vida, así como a sus familias y cuidadores. El cuidado de hospicio se puede proporcionar en una variedad de entornos, incluidos en el hogar, en una instalación de hospicio, en una residencia de ancianos o en un hospital. El cuidado de hospicio está diseñado para ayudar a manejar los síntomas de una persona y mejorar su calidad de vida durante las etapas finales de una enfermedad terminal. Esto puede implicar manejo del dolor, control de los síntomas, apoyo emocional y espiritual, y asistencia práctica con las actividades diarias.

Además de proporcionar atención a la persona que está muriendo, el hospicio también ofrece apoyo y asesoramiento a los miembros de la familia y cuidadores. El cuidado de hospicio es proporcionado generalmente por un equipo de profesionales de la salud, incluidos médicos, enfermeras, trabajadores sociales, capellanes y voluntarios.

El cuidado de hospicio generalmente está cubierto por Medicare y muchos planes de seguro privados, y está disponible para personas de todas las edades que han sido diagnosticadas con una enfermedad terminal y tienen una esperanza de vida de seis meses o menos. Sin embargo, es importante señalar que el cuidado de hospicio no está destinado a acelerar ni prolongar la muerte, sino a mejorar la calidad de vida de las personas que se acercan al final de su vida.

Cuidado de Hospicio:

El cuidado de hospicio se centra en mejorar la calidad de vida de los pacientes con una enfermedad terminal, gestionando sus síntomas, proporcionando apoyo emocional y espiritual, y asegurando que se respeten sus deseos y preferencias. El cuidado de hospicio es proporcionado generalmente por un equipo de profesionales, incluidos médicos, enfermeras, trabajadores sociales, capellanes y voluntarios, que trabajan juntos para satisfacer las necesidades únicas de cada paciente y su familia.

UCI (Unidad de Cuidados Intensivos):

La UCI, o unidad de cuidados intensivos, es una unidad especializada en un hospital que brinda atención integral y continua a pacientes críticamente enfermos que requieren monitoreo cercano y apoyo de sus funciones vitales. La UCI está compuesta por un equipo de profesionales de la salud, incluidos médicos, enfermeras, terapeutas respiratorios y otros especialistas capacitados en el manejo de condiciones y complicaciones que amenazan la vida. Los pacientes en la UCI pueden requerir ventilación mecánica, monitoreo hemodinámico, diálisis u otras intervenciones avanzadas para apoyar sus órganos vitales y mantener su estabilidad.

Incurable:

"Incurable" se refiere a una condición médica que no puede curarse o sanarse completamente, como ciertos tipos de cáncer o enfermedades crónicas. Aunque los tratamientos médicos y las intervenciones pueden ayudar a manejar los síntomas o ralentizar la progresión de la enfermedad, la condición subyacente permanece presente y no puede eliminarse por completo.

Lesión:

Las lesiones pueden incluir heridas y traumatismos, pero no son necesariamente sinónimos. Una lesión es un término más amplio que abarca cualquier daño o perjuicio, ya sea físico o psicológico, causado por un agente externo o un factor interno, como una enfermedad o una condición médica.

Paciente Internado:

Un paciente cuya atención requiere una estancia en un hospital, en contraste con un paciente ambulatorio. El término "paciente internado" data al menos de 1760. El término se ha utilizado durante varios siglos para referirse a una persona que recibe tratamiento médico mientras permanece en un hospital. El término "ambulatorio", por otro lado, describe a una persona que recibe tratamiento médico sin ser admitida en el hospital y que puede irse a casa el mismo día.

Intubación:

La intubación endotraqueal es un procedimiento médico que consiste en insertar un tubo plástico flexible a través de la boca o la nariz hasta la tráquea para crear una vía aérea. Luego, el tubo se conecta a un ventilador o máquina respiradora para asistir en la respiración. La intubación se utiliza comúnmente en situaciones de emergencia y cuidados críticos, así como durante cirugías, para asegurar una adecuada oxigenación y ventilación.

Investigación:

Una investigación es un examen legal formal sobre las circunstancias que rodean una muerte. Se lleva a cabo por un forense o alguna otra autoridad legal y tiene como objetivo determinar la causa de la muerte y cualquier factor que haya contribuido a ella. La investigación puede involucrar el testimonio de testigos y expertos, el examen de pruebas y la revisión de registros médicos. Los hallazgos de una investigación pueden usarse en procedimientos legales y también pueden proporcionar cierre y respuestas para la familia y los seres queridos del fallecido.

Tratamiento de soporte vital:

Procedimientos médicos que reemplazan o apoyan una función corporal esencial (también conocido como tratamiento de soporte vital). Los tratamientos de soporte vital incluyen resucitación cardiopulmonar, ventilación mecánica, nutrición e hidratación artificial, diálisis y otros tratamientos. Además, los tratamientos de soporte vital también pueden incluir medicamentos que apoyan funciones corporales esenciales, como medicamentos para la presión arterial alta o diabetes.

Testamento vital:

Una directiva médica anticipada que especifica qué tipos de tratamiento médico se desean. Un testamento vital puede ser muy específico o muy general. La declaración más común en un testamento vital solicita que si el paciente sufre de una enfermedad incurable e irreversible.

Ventilación mecánica:

El tubo se inserta realmente a través de la boca o la nariz y hacia la tráquea (tráquea), no el esófago como se mencionó anteriormente.

La ventilación mecánica es un tratamiento médico utilizado para apoyar o reemplazar la función de los pulmones. Se utiliza una máquina llamada ventilador (o respirador) para forzar el aire hacia los pulmones. El ventilador está conectado a un tubo que se inserta a través de la boca o la nariz y hacia la tráquea (tráquea). El tubo se conecta al ventilador, que bombea aire hacia los pulmones y ayuda al paciente a respirar. La ventilación mecánica puede usarse para una variedad de condiciones, incluidas insuficiencia respiratoria, infecciones pulmonares graves o después de ciertas cirugías.

Poder médico:

El poder médico es un documento legal que permite a las personas designar a otra persona para tomar decisiones de atención médica en su nombre si no pueden hacerlo por sí mismas. La persona designada es conocida como agente de salud, sustituto, apoderado o apoderado en hechos, y es responsable de asegurarse de que se respeten y sigan los deseos del paciente.

Medicare:

El programa nacional de seguro de salud del gobierno de EE. UU. para personas de 65 años o más que han trabajado al menos 10 años en un empleo cubierto por Medicare y que son ciudadanos o residentes permanentes de EE. UU. La Parte A de Medicare cubre las estancias hospitalarias para pacientes internados, y la Parte B de Medicare cubre los servicios médicos y ambulatorios. Además, la Parte C de Medicare, también conocida como Medicare Advantage, es un plan opcional que proporciona cobertura a través de compañías de seguros privadas. La Parte D de Medicare cubre los medicamentos recetados.

Metástasis:

La metástasis es la propagación de las células cancerosas desde el sitio original a partes distantes del cuerpo a través del torrente sanguíneo o el sistema linfático. Este es un factor crítico para determinar el estadio del cáncer y el tratamiento adecuado.

Tasa de mortalidad:

El término "tasa de mortalidad" es el número de muertes en una población durante un período específico de tiempo (generalmente un año) dividido por el número total de personas en la población. Usualmente se expresa como una tasa por 1,000 o 100,000 personas.

Morfina:

La morfina es un agente narcótico potente que tiene una fuerte acción analgésica (alivio del dolor) y otros efectos significativos en el sistema nervioso central. Es peligrosamente adictiva. La morfina es un miembro natural de una gran clase química de compuestos llamados alcaloides. El nombre proviene de Morfeo (el dios griego de los sueños), no del dios romano. Fue acuñado en 1805 por el boticario alemán Adolf Serturner para designar el principal alcaloide en el opio. El opio proviene de la planta de amapola.

Terapia musical:

La terapia musical es una profesión de salud que utiliza la música para abordar las necesidades físicas, emocionales, cognitivas y sociales de personas de todas las edades. Un musicoterapeuta capacitado utiliza intervenciones musicales diseñadas para apoyar las necesidades y metas específicas del individuo. La terapia musical puede ayudar a las personas con una variedad de condiciones, incluyendo pero no limitándose a discapacidades físicas, trastornos de salud mental, dolor crónico, discapacidades de desarrollo y aprendizaje, y trastornos neurológicos. Las intervenciones pueden incluir crear, cantar, moverse al ritmo de la música y/o escuchar música, y se pueden proporcionar en entornos individuales o grupales.

Narcóticos:

Los narcóticos, también conocidos como opioides, son una clase de medicamentos que se utilizan para tratar el dolor. Funcionan al unirse a los receptores en el cerebro y la médula espinal, lo que puede conducir al alivio del dolor, así como a la sedación y la euforia. Algunos ejemplos comunes de narcóticos incluyen morfina, oxicodona, hidrocodona, fentanilo y heroína. Los narcóticos pueden ser altamente adictivos y tienen un alto potencial de abuso y sobredosis. Normalmente, son recetados por un médico y deben ser utilizados solo según las indicaciones.

Náuseas:

Incomodidad en el estómago, el deseo de vomitar. Las náuseas pueden ser causadas por muchas razones, incluidas enfermedades sistémicas (como la gripe), medicamentos, dolor y enfermedades del oído interno. Además, las náuseas también son un síntoma común del embarazo, mareos por movimiento, quimioterapia y ciertas condiciones médicas como la enfermedad por reflujo gastroesofágico (ERGE) y úlceras pépticas. Pueden ir acompañadas de otros síntomas como sudoración, mareos y aumento de la frecuencia cardíaca.

Enfermera:

1. Persona entrenada, licenciada o capacitada en enfermería. 2) Alimentar a un bebé al pecho.

Enfermería:

1. Profesión dedicada a la prestación de servicios esenciales para el mantenimiento y la restauración de la salud, atendiendo las necesidades de las personas enfermas. 2) Alimentación de un bebé al pecho.

Casa de reposo (o asilo de ancianos):

Una instalación residencial para personas con enfermedades crónicas o discapacidades, particularmente personas mayores que tienen problemas de movilidad y alimentación. También conocida como hogar de convalecencia y centro de atención a largo plazo. Solo una pequeña corrección: si bien las casas de reposo pueden brindar atención a personas con enfermedades crónicas o discapacidades, no están necesariamente limitadas a personas mayores. Las personas de todas las edades pueden vivir en casas de reposo si requieren atención a largo plazo debido a una condición médica o discapacidad.

Nutricionista:

1. En un hospital o casa de reposo, una persona que planea y/o formula comidas especiales para los pacientes. También puede ser simplemente un eufemismo para un cocinero que trabaja en una instalación médica pero que no tiene una formación extensa en necesidades nutricionales especiales. 2) En la práctica clínica, un especialista en nutrición. Los nutricionistas pueden ayudar a los pacientes con necesidades especiales, alergias, problemas de salud o el deseo de aumentar la energía o cambiar de peso a diseñar dietas saludables. Algunos nutricionistas en práctica privada están bien capacitados, tienen un título y están licenciados. Sin embargo, dependiendo de la ley estatal, una persona que usa este título puede no estar capacitada ni licenciada en absoluto. ¡Eso es correcto! Sin embargo, me gustaría añadir que en algunos estados, el título de "nutricionista" está legalmente protegido y solo puede ser utilizado por personas que cumplan con ciertos requisitos educativos y profesionales, como tener un título en nutrición y aprobar un examen de certificación. En otros estados, el título puede no estar protegido y puede ser usado por cualquier persona, independientemente de sus calificaciones. Para asegurarse de recibir asesoramiento de un

profesional calificado, se recomienda buscar un dietista nutricionista registrado (RDN) que haya cumplido con los rigurosos requisitos educativos y profesionales establecidos por la Academia de Nutrición y Dietética.

Opioide:

1. Un narcótico sintético que se asemeja a los opioides naturales. 2. Cualquier sustancia que se une a los receptores de opioides en la superficie de las células o afecta de alguna manera esos receptores. Solo una pequeña corrección: los opioides no son necesariamente sintéticos, también pueden ser naturales.

2. La definición de opioide es: cualquier sustancia, natural o sintética, que se une a los receptores de opioides en el cerebro y otras partes del cuerpo, produciendo efectos como alivio del dolor, sedación y euforia.

Dolor:

Una sensación desagradable que puede variar desde una incomodidad localizada y leve hasta una agonía. El dolor tiene componentes físicos y emocionales. La parte física del dolor resulta de la estimulación nerviosa. El dolor puede limitarse a un área discreta, como en una lesión, o puede ser más difuso, como en trastornos como la fibromialgia. El dolor es mediado por fibras nerviosas específicas que llevan los impulsos de dolor al cerebro, donde su apreciación consciente puede ser modificada por muchos factores. Además, el dolor puede ser agudo o crónico. El dolor agudo es un dolor repentino, agudo o severo que dura poco tiempo y generalmente es causado por una lesión o enfermedad. El dolor crónico, por otro lado, dura más tiempo, generalmente más de 3 a 6 meses, y puede no tener una causa obvia. El dolor crónico puede ser muy debilitante y afectar el bienestar físico y emocional de una persona.

Paliación:

Terapia diseñada para aliviar síntomas incómodos sin producir una cura.

Sí, eso es correcto. Los cuidados paliativos son un tipo de atención médica que se enfoca en proporcionar alivio de los síntomas y mejorar la calidad de vida de los pacientes con enfermedades graves o que amenazan la vida. El objetivo de los cuidados paliativos no es curar la enfermedad subyacente, sino manejar síntomas como el dolor, las náuseas y las dificultades para respirar, y abordar las necesidades psicológicas, sociales y espirituales del paciente y su familia. Los cuidados paliativos se pueden proporcionar junto con otros tratamientos médicos y pueden ser apropiados en cualquier etapa de una enfermedad, desde el diagnóstico hasta la atención al final de la vida.

Cuidados paliativos:

1. Atención médica o de confort que reduce la gravedad de una enfermedad o ralentiza su progreso en lugar de proporcionar una cura. Para enfermedades incurables, en casos donde no se recomienda la cura debido a otras preocupaciones de salud, y cuando el paciente no desea continuar con un tratamiento curativo, los cuidados paliativos se convierten en el enfoque principal del tratamiento. Por ejemplo, si no se puede realizar una cirugía para extirpar un tumor, se podría intentar tratamiento con radioterapia para reducir su tasa de crecimiento, y el manejo del dolor podría ayudar al paciente a manejar los síntomas físicos. 2) En un sentido negativo, la provisión solo de atención médica superficial cuando es posible una cura. Para aclarar, la segunda parte de la definición "en un sentido negativo, la provisión solo de atención médica superficial cuando es posible una cura" no es una descripción precisa de los cuidados paliativos. Los cuidados paliativos se enfocan en proporcionar una atención integral para manejar los síntomas, mejorar la calidad de vida y abordar las necesidades emocionales y espirituales de los pacientes con enfermedades graves o limitantes para la vida. No están destinados a reemplazar los tratamientos curativos, sino a integrarse junto a ellos para ofrecer atención holística.

Cuidador de paciente:

Persona que acepta la responsabilidad del cuidado 24 horas de los pacientes de hospicio, ya sea personalmente o con asistencia. En el contexto de la atención de hospicio, un cuidador de paciente se refiere a un miembro de la familia, amigo u otra persona que acepta brindar atención y apoyo a un paciente de hospicio de manera diaria. Esto puede incluir asistencia con las actividades diarias, apoyo emocional y ayuda con necesidades médicas, como administrar medicamentos.

El cuidador del paciente puede trabajar junto a un equipo de hospicio, que incluye enfermeras, trabajadores sociales y otros profesionales de la salud, para garantizar el bienestar y confort del paciente.

Pediatría:

El campo de la medicina que se ocupa de la salud de los bebés, niños y adolescentes; su crecimiento y desarrollo; y su oportunidad para lograr su pleno potencial como adultos. ¡Eso es correcto! La pediatría es una rama de la medicina que se ocupa del cuidado médico de bebés, niños y adolescentes hasta los 18 años. Los pediatras son médicos especializados en el cuidado médico de niños y adolescentes, incluidos diagnóstico y tratamiento de enfermedades, lesiones y trastornos. También supervisan el crecimiento y desarrollo, ofrecen orientación sobre nutrición y actividad física y trabajan con las familias para promover la salud y el bienestar de los niños.

Farmacia:

Un lugar donde se venden medicamentos con receta. Una farmacia está constantemente supervisada por un farmacéutico licenciado. Para añadir a eso, una farmacia también es responsable de dispensar medicamentos, proporcionar información sobre los medicamentos a pacientes y profesionales de la salud, monitorear el uso de medicamentos e interacciones, y garantizar el almacenamiento y disposición seguros de los medicamentos. Las farmacias también pueden vender medicamentos de venta libre, suministros médicos y otros productos relacionados con la salud. Además de las farmacias comunitarias, también existen farmacias hospitalarias, farmacias de preparación y farmacias por correo.

Pronóstico:

El pronóstico es una estimación del curso probable y resultado de una enfermedad, especialmente las posibilidades de recuperación, basado en datos clínicos, de laboratorio y radiológicos disponibles, así como en la historia médica de la persona y otros factores que pueden afectar la progresión de la enfermedad. El pronóstico puede usarse para guiar las decisiones de tratamiento, informar a los pacientes y sus familias sobre los riesgos y beneficios potenciales de diferentes terapias, y ayudar a los proveedores de salud a anticipar y manejar complicaciones potenciales.

Calidad de vida:

La capacidad del paciente para disfrutar de las actividades normales de la vida. La calidad de vida es una consideración importante en la atención médica. Algunos tratamientos médicos pueden afectar seriamente la calidad de vida sin proporcionar beneficios apreciables, mientras que otros mejoran enormemente la calidad de vida. Para añadir a esto, la Calidad de Vida (CdV) es un concepto multidimensional que incluye diversos aspectos como el bienestar físico, emocional, social y espiritual. Se refiere a la satisfacción general y felicidad que una persona experimenta en su vida diaria. En el contexto médico, la CdV se usa comúnmente para evaluar el impacto de una enfermedad, trastorno o tratamiento sobre el bienestar del paciente. Es importante considerar la CdV al tomar decisiones sobre intervenciones médicas, especialmente en casos donde la intervención pueda tener efectos secundarios o riesgos significativos.

Radioterapia:

La radioterapia es un tipo de tratamiento para el cáncer que utiliza radiación de alta energía para reducir los tumores y matar las células cancerosas. La radiación puede provenir de una máquina fuera del cuerpo (radioterapia de haz externo), o puede ser administrada internamente, colocando material radiactivo dentro del cuerpo (braquiterapia). La radioterapia está diseñada para dañar el ADN de las células cancerosas, lo que inhibe su capacidad para dividirse y crecer. Si bien la radioterapia puede causar algo de daño a las células sanas, el objetivo es limitar ese daño tanto como sea posible mientras se trata de manera efectiva el cáncer.

Remisión:

La remisión se refiere al período durante el cual los síntomas de una enfermedad se reducen o desaparecen por completo. Se usa comúnmente en el contexto del cáncer y otras enfermedades crónicas como la esclerosis múltiple, el lupus y la artritis reumatoide. Una remisión puede ser parcial o completa, y puede ser temporal o permanente. El término "remisión" a menudo se usa de manera intercambiable con "respuesta" al describir el efecto de un tratamiento particular sobre una enfermedad.

Paro respiratorio:

El paro respiratorio es la cesación de la respiración. Puede conducir a un paro cardíaco si no se trata de inmediato. Gracias por señalarlo.

Respiro:

El respiro puede referirse a un descanso temporal o alivio de una situación estresante, a menudo utilizado en el contexto de la atención a los pacientes. Por ejemplo, un cuidador de un paciente terminal puede necesitar cuidados de respiro para tomar un descanso de las demandas del cuidado y prevenir el agotamiento. Los cuidados de respiro pueden involucrar que otra persona asuma temporalmente las responsabilidades del cuidado o que el paciente se quede en una instalación por un corto período de tiempo.

Sueño:

El sueño es un estado natural y recurrente de la mente y el cuerpo caracterizado por una conciencia alterada, actividad muscular reducida y una capacidad limitada de respuesta a estímulos externos. Durante el sueño, el cuerpo lleva a cabo varios procesos fisiológicos, incluyendo la reparación y rejuvenecimiento de las células, la consolidación de la memoria y la regulación de las hormonas. La calidad y cantidad de sueño puede tener un impacto significativo en la salud física y mental, y la falta de sueño adecuado se ha relacionado con una variedad de problemas de salud.

Muerte social:

La muerte social, también conocida como morir socialmente o exclusión social, se refiere al fenómeno en el que las personas evitan u ostracizan a una persona moribunda. Esto puede ocurrir por diversas razones, incluyendo el miedo al contagio, incomodidad con el proceso de morir o tabúes culturales relacionados con la muerte y el morir. La muerte social puede tener un impacto significativo en el bienestar mental y emocional de la persona moribunda, ya que puede sentirse aislada y abandonada en un momento en que más necesita apoyo y compañía. También puede generar sentimientos de vergüenza y culpa en aquellos que evitan a la persona moribunda.

Es importante reconocer y abordar la muerte social para asegurar que las personas moribundas sean tratadas con dignidad y respeto, y que tengan acceso a la atención y apoyo que necesitan durante sus últimos días. Esto puede incluir proporcionar educación y recursos para ayudar a las personas a entender y superar sus miedos e incomodidades con la muerte, así como fomentar una cultura de apertura y compasión sobre los temas de fin de vida.

Sublingual:

Sublingual se refiere a un método de administración de medicamentos en el que el medicamento se coloca debajo de la lengua y se permite que se disuelva o sea absorbido

por los tejidos en la boca. Los medicamentos sublinguales suelen presentarse en forma de tabletas, películas o aerosoles y están diseñados para ser rápidamente absorbidos en el torrente sanguíneo a través de los tejidos finos debajo de la lengua.

Este método de administración se utiliza cuando un medicamento necesita ser absorbido rápidamente en el torrente sanguíneo o cuando sería destruido por el sistema digestivo si se toma por vía oral. Los medicamentos sublinguales pueden utilizarse para tratar diversas afecciones, como la angina, las alergias y ciertos tipos de dolor.

Es importante seguir cuidadosamente las instrucciones para tomar medicamentos sublinguales, ya que pueden tener requisitos específicos de dosificación y administración. También es fundamental estar al tanto de cualquier efecto secundario potencial o interacciones con otros medicamentos que puedan ocurrir al tomar un medicamento sublingual.

Toma de decisiones por sustituto:

La toma de decisiones por sustituto se refiere a un proceso legal en el cual un grupo de individuos, generalmente miembros de la familia, están autorizados a tomar decisiones sobre tratamientos médicos en nombre de un paciente que ha perdido su capacidad de tomar decisiones y no preparó una directiva anticipada. En los Estados Unidos, la mayoría de los estados han aprobado leyes que permiten la toma de decisiones por sustituto para personas sin directivas anticipadas. Estas leyes suelen establecer una jerarquía de personas que están autorizadas para tomar decisiones en nombre del paciente, comenzando con el cónyuge, luego los hijos adultos, padres, hermanos y otros familiares. En algunos casos, amigos cercanos o tutores legales también pueden estar autorizados para tomar decisiones.

La toma de decisiones por sustituto puede ser un proceso complejo y emocionalmente desafiante, ya que a menudo implica decisiones difíciles sobre cuidados de fin de vida y opciones de tratamiento. Es importante que los tomadores de decisiones por sustituto trabajen estrechamente con los proveedores de atención médica para asegurarse de que comprendan la condición médica del paciente, el pronóstico y las opciones de tratamiento, y para tomar decisiones que sean coherentes con los valores y preferencias del paciente.

También es importante que las personas preparen directivas anticipadas, como un testamento vital o un poder notarial duradero para la atención médica, para proporcionar orientación sobre sus preferencias de tratamiento médico en caso de que no puedan tomar decisiones por sí mismas. Esto puede ayudar a garantizar que se respeten sus deseos y que sus seres queridos no se vean cargados con la responsabilidad de tomar decisiones difíciles sin orientación.

Síndrome:

Un síndrome es un conjunto de síntomas y signos que tienden a ocurrir juntos y son indicativos de una condición médica o enfermedad particular. Los síndromes pueden ser causados por una variedad de factores, como mutaciones genéticas, infecciones, factores ambientales y otras condiciones médicas subyacentes.

Un síndrome puede tener una amplia gama de síntomas y severidad, y algunos pueden estar asociados con un conjunto específico de características físicas o rasgos. Ejemplos de síndromes incluyen el síndrome de Down, que se caracteriza por discapacidad intelectual, rasgos faciales distintivos y ciertas anomalías físicas; el síndrome de Asperger, que se caracteriza por dificultades sociales y de comunicación, así como comportamientos e intereses repetitivos; y el síndrome de Tourette, que se caracteriza por movimientos involuntarios y vocalizaciones, llamados tics.

El diagnóstico de un síndrome generalmente implica una evaluación exhaustiva del historial médico del paciente, examen físico y, a menudo, pruebas de laboratorio o de imágenes. El tratamiento de un síndrome depende de la causa subyacente y los síntomas, y puede incluir medicamentos, terapia, cirugía u otras intervenciones. Es importante señalar que no todos los síntomas o grupos de síntomas se clasifican como un síndrome, ya que el término se refiere específicamente a un conjunto de síntomas que se reconocen como asociados con una condición médica o enfermedad particular.

Sabor:

Es una percepción que resulta de la estimulación de un nervio gustativo. El sabor pertenece al sistema de sensaciones químicas. El acto de saborear comienza cuando las moléculas estimulan células especiales en la boca o la garganta. Estas células especiales transmiten mensajes a través de nervios hacia el cerebro, donde se identifican los sabores específicos. Las células gustativas reaccionan a los alimentos y bebidas. Estas células gustativas están agrupadas en las papilas gustativas de la boca y la garganta. Muchas de las pequeñas protuberancias que se pueden ver en la lengua contienen papilas gustativas. El olfato contribuye al sentido del gusto, al igual que otro mecanismo quimiosensorial, denominado el sentido químico común. En este sistema, miles de terminaciones nerviosas, especialmente en las superficies húmedas de los ojos, la nariz, la boca y la garganta, dan lugar a sensaciones como la picazón del amoníaco, la frescura del mentol y la irritación de los chiles. Las personas comúnmente pueden identificar cuatro sensaciones básicas del gusto: dulce, ácido, amargo y salado. En la boca, estos sabores, junto con la textura, la temperatura y las sensaciones del sentido químico común, se combinan con los olores para producir la percepción del sabor. Los sabores se reconocen principalmente a través del sentido del olfato. Si una persona se tapa la nariz mientras come chocolate, por ejemplo, tendrá dificultades para identificar el sabor del chocolate, aunque pueda distinguir la dulzura o amargor de la comida. Esto se debe a que el sabor familiar del chocolate se percibe en su mayoría por el olor.

Terminal:

El término "terminal" se refiere a las etapas finales de una enfermedad o condición que probablemente resulte en la muerte. Esto puede incluir una amplia variedad de condiciones, como el cáncer avanzado, insuficiencia cardíaca, enfermedad pulmonar obstructiva crónica (EPOC) o la enfermedad de Alzheimer, entre otras. En la etapa terminal de una enfermedad, la condición del paciente puede caracterizarse por un declive significativo en las funciones físicas y mentales, así como por un aumento del dolor, la incomodidad y otros síntomas. El tratamiento durante esta etapa suele centrarse en proporcionar comodidad y cuidados paliativos para mejorar la calidad de vida del paciente y manejar síntomas como el dolor, las náuseas y la dificultad para respirar.

Para los pacientes y sus familias, la etapa terminal de una enfermedad puede ser un momento emocionalmente desafiante e involucrar decisiones difíciles sobre los cuidados de fin de vida y las opciones de tratamiento. En algunos casos, los pacientes pueden optar por renunciar a ciertos tratamientos para centrarse en la calidad de vida y aprovechar al máximo el tiempo que les queda.

Es importante que los pacientes y sus familias trabajen estrechamente con los proveedores de atención médica durante la etapa terminal de una enfermedad para asegurarse de que se respeten sus deseos y preferencias, y para garantizar que reciban la atención y el apoyo adecuado durante este tiempo difícil.

Tanatología:

La tanatología es el estudio científico de la muerte, el morir y el proceso de duelo. Es un campo multidisciplinario que se basa en ideas e investigaciones de diversas disciplinas, incluyendo psicología, sociología, antropología, medicina, ética, filosofía y religión. El estudio de la tanatología abarca una amplia gama de temas, incluidos los aspectos biológicos, psicológicos, sociales y culturales de la muerte y el morir, así como las experiencias de las personas que enfrentan la muerte, sus familias y sus cuidadores. También incluye el estudio del duelo y la pérdida, y las diversas formas en que los individuos y las comunidades lidian con la pérdida y el final de la vida.

Algunas de las áreas clave de investigación dentro de la tanatología incluyen los factores que influyen en las actitudes y creencias sobre la muerte y el morir, las experiencias psicológicas y emocionales de los individuos que enfrentan la muerte o cuidan a los que están muriendo, los aspectos sociales y culturales de la atención de fin de vida, y los problemas éticos y legales que surgen en el contexto de la muerte y el morir.

La tanatología tiene implicaciones importantes para la práctica de la atención médica y para el desarrollo de políticas y programas relacionados con la atención al final de la vida. Puede ayudar a informar el desarrollo de intervenciones y recursos que apoyen a los pacientes y sus familias durante el proceso de morir y el proceso de duelo, y también puede promover una mayor comprensión y aceptación de la muerte como una parte natural e inevitable de la experiencia humana.

Terapia:

Si bien la terapia puede ser una forma de tratamiento para enfermedades, no siempre es sinónimo de tratamiento. La terapia se refiere a una amplia gama de intervenciones y técnicas dirigidas a promover la salud y el bienestar, prevenir y tratar enfermedades o lesiones, y abordar problemas emocionales, conductuales o cognitivos. La terapia puede abarcar una amplia gama de modalidades, incluida la medicación, la psicoterapia, la fisioterapia, la terapia ocupacional, la logopedia y más. Cada tipo de terapia está diseñado para abordar necesidades y desafíos específicos y puede implicar diferentes técnicas y enfoques.

Por ejemplo, la psicoterapia es un tipo de terapia que se centra en abordar problemas de salud mental y emocional, como la ansiedad, la depresión y el trastorno de estrés postraumático (TEPT). A menudo implica hablar con un profesional de salud mental capacitado e involucrar técnicas como la terapia cognitivo-conductual, la terapia psicodinámica o la terapia interpersonal.

Por otro lado, la fisioterapia es un tipo de terapia que se centra en restaurar la función y la movilidad del cuerpo después de una lesión o enfermedad. A menudo involucra ejercicios, estiramientos y otras técnicas dirigidas a mejorar la fuerza, la flexibilidad y el rango de movimiento.

Si bien la terapia ciertamente puede ser una forma de tratamiento para enfermedades o afecciones, es importante señalar que no todas las formas de terapia están dirigidas a tratar una enfermedad o condición específica. Algunas formas de terapia están enfocadas en promover la salud y el bienestar generales, mejorar la calidad de vida o abordar desafíos o metas específicas.

Suspensión o retirada del tratamiento:

La suspensión o retirada del tratamiento se refiere a la decisión de renunciar o interrumpir las medidas que sostienen la vida y que se han utilizado para tratar a un paciente con una enfermedad grave o terminal. Esta decisión puede ser tomada por el paciente o su familia, en consulta con los proveedores de atención médica, y generalmente se basa en los deseos del paciente, el pronóstico y la calidad general de vida.

Las medidas que sostienen la vida pueden incluir una amplia gama de intervenciones, como la ventilación mecánica, la nutrición e hidratación artificial y la reanimación cardiopulmonar (RCP). Estas intervenciones pueden ser necesarias para mantener vivo a un paciente, pero también pueden ser invasivas, incómodas y no siempre efectivas para prolongar la vida o mejorar la calidad de vida. La suspensión o retirada del tratamiento a menudo se considera un tema ético y legal, y existen pautas y protocolos específicos que los proveedores de atención médica deben seguir al tomar estas decisiones. En muchos casos, la decisión de renunciar o interrumpir las medidas que sostienen la vida se toma de acuerdo con las directivas anticipadas del paciente, como un testamento vital o un poder notarial duradero para la atención médica.

En los casos en que el paciente no haya expresado sus deseos, los proveedores de atención médica pueden consultar con la familia del paciente u otros tomadores de decisiones sustitutos para determinar el curso de acción más apropiado. La decisión de suspender o retirar el tratamiento debe tomarse siempre con los mejores intereses del paciente en mente y debe tener en cuenta sus valores, creencias y calidad de vida general.

CAPÍTULO 08

ETAPAS DEL MORIR

El aspecto físico de la muerte se refiere a las últimas etapas del proceso de morir, durante las cuales los sistemas del cuerpo se apagan gradualmente y dejan de funcionar. Este proceso se puede dividir en varias etapas, que incluyen las siguientes:

1. **La etapa pre-activa:** Durante esta etapa, la persona puede experimentar cambios en la respiración, presión arterial, y temperatura corporal, así como otros síntomas físicos y emocionales.
2. **La etapa activa:** Esta etapa se caracteriza por un rápido declive en la condición física de la persona, incluidos cambios en la respiración y la frecuencia cardíaca, disminución

de la conciencia, y otros síntomas como inquietud, agitación o confusión.

3. **La etapa terminal:** Esta es la última etapa del proceso de morir, durante la cual el cuerpo de la persona se apaga completamente y los sistemas físicos dejan de funcionar. Esto puede incluir la cesación de la respiración, la frecuencia cardíaca y otros signos vitales.

El aspecto físico de la muerte puede ser una experiencia difícil y angustiante tanto para la persona que muere como para sus seres queridos. Sin embargo, a menudo existen formas de manejar los síntomas y proporcionar consuelo y apoyo durante este proceso. Los equipos de cuidados paliativos y de hospicio, por ejemplo, están capacitados para proporcionar atención integral y apoyo a las personas que se acercan al final de la vida, con un enfoque en el manejo del dolor y otros síntomas físicos, así como en el abordaje de las necesidades emocionales, sociales y espirituales.

El otro aspecto es el área emocional/mental/espiritual, que es un proceso diferente.

Aquí es donde el espíritu del individuo moribundo comienza a alejarse de su entorno inmediato y de los lazos. Este desprendimiento tiende a seguir sus propias prioridades cuando se trata de dejar ir a los seres queridos y asuntos no resueltos. Todos hemos escuchado a personas contar cómo alguien en su lecho de muerte se niega a irse hasta que un cierto miembro de la familia llega. Incluso cuando el cuerpo está intentando apagarse, el espíritu se aferra hasta que se alcanza una resolución. Es como si aquellos que mueren necesitaran permiso para irse y sentir que han alcanzado el apoyo y la aceptación de su destino por parte de las personas a las que dejarán atrás. De esta manera, pueden deslizarse hacia la siguiente dimensión de la vida con gracia y dignidad.

Todos sentimos curiosidad sobre la muerte. Independientemente de nuestras creencias religiosas, debe haber alguna duda o sombra de incertidumbre. Hay cinco etapas involucradas. Algunos pacientes tienen tiempo para experimentar cada etapa y llegar a una resolución pacífica. Cada persona enfrenta la muerte a su manera, lo que hace que su proceso sea único. La muerte llega a su propio tiempo y de su propia manera. Es tan única como la persona que la experimenta.

CINCO ETAPAS DEL MORIR

Las cinco etapas del morir, también conocidas como el modelo de Kübler-Ross, son una serie de etapas emocionales y psicológicas que a menudo experimentan las personas que enfrentan la muerte o una enfermedad grave. Las etapas fueron identificadas por la psiquiatra suizo-estadounidense Elisabeth Kübler-Ross en su libro *On Death and Dying* en 1969.

Las cinco etapas son las siguientes:

1. **Negación:** En la primera etapa, la persona puede experimentar shock e incredulidad, y puede negar la realidad de la situación. Puede negarse a reconocer que está muriendo, y resistirse a cualquier intento de discutir su condición.
2. **Ira:** En la segunda etapa, la persona puede experimentar sentimientos de ira, resentimiento o amargura. Puede sentir que su enfermedad o muerte inminente es injusta y puede dirigir su ira hacia seres queridos, proveedores de atención médica o incluso un poder superior.
3. **Negociación:** En la tercera etapa, la persona puede intentar negociar consigo misma, con otros o con un poder superior en un intento de evitar la muerte. Puede hacer promesas o pedir más tiempo, y tratar de encontrar un sentido o propósito en su vida.
4. **Depresión:** En la cuarta etapa, la persona puede experimentar sentimientos de tristeza, desesperanza y desesperación. Puede sentirse abrumada por su situación y retirarse de los demás o perder el interés en el mundo que la rodea.
5. **Aceptación:** En la última etapa, la persona acepta su situación y comienza a aceptar la realidad de su muerte inminente. Puede experimentar una sensación de paz y enfocarse en aprovechar el tiempo que le queda.

Es importante señalar que no todas las personas experimentan las cinco etapas y que las etapas no necesariamente ocurren en un orden lineal o predecible. Además, las etapas pueden experimentarse de manera diferente por personas de diferentes contextos culturales o religiosos, y la experiencia de morir puede verse influenciada por una amplia gama de factores, incluidos el estado físico del individuo, el apoyo social y las creencias personales.

NEGACIÓN: Los pacientes piensan: "Soy demasiado joven para morir. No estoy listo para morir." (¿Realmente alguien está listo alguna vez? ¿Acaso alguien se despierta alguna mañana y dice: "Bueno, hoy estoy listo para morir"?) Incluso cuando un médico le informa a alguien que no se puede hacer nada por él, la sensación de que debe haberse cometido un error persiste en la mente del moribundo. La predicción de la muerte inminente por parte de un médico puede hacer varias cosas. Puede dar tiempo a los pacientes para prepararse, resolver asuntos, cerrar puertas y/o hacer las paces. El shock comienza a desvanecerse a medida que aceptan la muerte que se acerca.

IRA: De repente, los pacientes ya no tienen control sobre la vida ni la muerte. No tienen opción... van a morir. Siempre supieron que la muerte es parte de la vida, pero ahora es un hecho frente a ellos. Esto les provoca ira. Se sienten tan impotentes, especialmente al principio, luego la culpa se apodera de ellos y la ira se dirige hacia todos y hacia nadie en particular. Es una sensación de pérdida de control, que probablemente no es una sensación nueva si el paciente ha sufrido una larga enfermedad. Es normal. La ira, por sí misma, es una sensación de fortaleza. Sin embargo, también puede ser debilitante.

NEGOCIACIÓN: Ahora los pacientes están dispuestos a comprometerse. No vale la pena negarlo, la ira va y viene, ¡así que quizás puedan hacer un trato con Dios! Están dispuestos a prometer hacer o no hacer cosas específicas si solo pudieran tener más tiempo. Esto puede basarse en un evento importante que se les acerque. Pueden estar sufriendo inseguridades respecto a los miembros de la familia o un ser querido a quien sienten que dependen de ellos. Puede haber una ruptura que nunca se ha eliminado y que necesita ser tratada. No son libres de irse hasta que estos asuntos pendientes puedan completarse de una vez por todas.

DEPRESIÓN: Esta es una parte tan normal del proceso de preparación para morir. Los pacientes ya están deprimidos por su incapacidad para lidiar con ciertas responsabilidades, proyectos y tareas de la vida cotidiana. Los síntomas de la enfermedad terminal son imposibles de ignorar y los pacientes son plenamente conscientes de que la muerte es inevitable. Conscientes, enojados y llenos de tristeza, nuevamente, la culpable de la culpa se cuela mientras los pacientes lloran por sí mismos y el dolor que esto está causando a sus seres queridos. Nuevamente, la depresión es una fase totalmente normal en el proceso de morir.

ACEPTACIÓN: Esto llega después de que los pacientes resuelven los numerosos conflictos y sentimientos que la muerte trae consigo. Pueden sucumbir a lo inevitable a medida que se cansan más y la debilidad se apodera de ellos. Los pacientes se vuelven menos emocionales; llega la calma y se aleja el miedo, así como la alegría conquista la tristeza. Se dan cuenta de que la batalla está casi terminada y ahora es lo correcto para ellos morir.

CÓMO EL CUERPO SE PREPARA PARA EL COMIENZO DE LA MUERTE El cuerpo pasa por varios cambios mientras se prepara para el inicio de la muerte. Estos cambios pueden variar dependiendo del individuo y de la causa subyacente de su enfermedad o condición. Algunos de los cambios comunes que ocurren incluyen:

1. **Pérdida de apetito y disminución de la ingesta de líquidos:** A medida que el cuerpo comienza a apagarse, el individuo puede perder el apetito y no sentir ganas de comer o beber. Esto puede llevar a la deshidratación y la desnutrición y causar un mayor deterioro en la condición física del individuo.
2. **Cambios en la respiración:** La respiración del individuo puede volverse irregular o dificultosa, y pueden experimentar dificultad para respirar o jadear por aire. También pueden desarrollar un sonido en el pecho, conocido como el "gargajo de la muerte", causado por la acumulación de moco en las vías respiratorias.
3. **Cambios en la circulación:** La circulación del individuo puede verse comprometida, lo que lleva a una disminución de la presión arterial, extremidades frías y un pulso débil.
4. **Cambios en la conciencia:** El individuo puede volverse menos receptivo o puede entrar en un estado similar

al coma. También pueden experimentar alucinaciones o delirios.

5. **Cambios en el color y temperatura de la piel:** La piel del individuo puede volverse fría al tacto y adquirir un tinte azul o gris. Esto se debe a una disminución en el flujo sanguíneo y la oxigenación.

Es importante señalar que estos cambios no necesariamente ocurren de manera predecible o lineal y que el momento y la extensión de estos cambios pueden variar ampliamente dependiendo de la condición subyacente del individuo. Además, la experiencia de la muerte puede estar influenciada por una amplia gama de factores, incluidos las creencias personales del individuo, el apoyo social y el contexto cultural o religioso.

Hay muchas formas diferentes en las que el cuerpo se prepara para el inicio de la muerte, y todas parecen mostrar una cosa: el cuerpo comienza a apagarse un sistema tras otro.

Aquí hay algunos signos de cómo el cuerpo se prepara para el inicio de la muerte:

Lo primero que podrías notar es que las manos y los pies de la persona se vuelven extremadamente fríos. Además, el color de la piel cambia y se vuelve moteado; esto es una clara indicación de que la circulación sanguínea hacia las extremidades ha disminuido y solo los órganos vitales están recibiendo sangre.

Una persona que está a punto de morir tiende a dormir mucho. Este no es un sueño común, sino un sueño profundo y reparador, donde será difícil despertar a la persona.

La desorientación es común en las personas que están a punto de morir. Parecen confundidos y no pueden identificar su entorno ni a las personas que los rodean.

La incontinencia es un signo común de cómo el cuerpo se prepara para la muerte. Una persona que está a punto de morir puede perder el control de la vejiga y/o los intestinos.

Una disminución en la ingesta de alimentos y líquidos es otro signo de cómo el cuerpo se prepara para morir. La persona no sentirá hambre ni sed, y lo mejor es no forzarlos, ya que esto los hará sentir incómodos. Debido a la falta de líquidos, la micción se vuelve infrecuente y concentrada.

El patrón de respiración se vuelve superficial y hay un gran espacio entre dos respiraciones (respiración de Cheyne-Stokes).

El "gargajo de la muerte" es un ruido roncante o similar a un gorgoteo producido poco antes de la muerte por la acumulación de secreciones respiratorias excesivas en la garganta. El "gargajo de la muerte" es una clara indicación de que alguien está cerca de la muerte.

Trabajando con el dolor de perder a un ser querido Perder a un ser querido puede ser una experiencia increíblemente difícil y dolorosa, y es normal sentir una amplia gama de emociones durante el proceso de duelo. Aquí hay algunas estrategias que pueden ayudar a las personas a lidiar con el dolor de perder a un ser querido:

1. **Permítete llorar:** Es importante darte permiso para sentir el dolor de tu pérdida y permitirte llorar a tu manera y a tu propio ritmo. Esto puede implicar llorar, hablar sobre tus sentimientos o participar en actividades que te brinden consuelo o alivio.
2. **Busca apoyo:** Puede ser útil acudir a amigos, familiares o a un grupo de apoyo para obtener ayuda y apoyo durante este tiempo difícil. Hablar con otras personas que hayan experimentado una pérdida similar puede ayudarte a sentirte menos solo y brindarte valiosas perspectivas.
3. **Cuida de ti mismo:** Es importante cuidar de tu salud física y emocional durante el proceso de duelo. Esto puede implicar comer alimentos saludables, descansar lo suficiente, hacer ejercicio regularmente y participar en actividades que te traigan alegría o relajación.
4. **Expresa tus sentimientos:** Ya sea a través de la escritura, el arte u otras formas creativas, expresar tus sentimientos puede ser una forma útil de procesar tus emociones y superar el dolor de tu pérdida.
5. **Encuentra un significado:** Encontrar un significado en tu pérdida puede ser una parte importante del proceso de duelo. Esto puede implicar encontrar formas de honrar la memoria de tu ser querido, participar en actividades que les gustaban o encontrar maneras de hacer un impacto positivo en el mundo en su nombre.

Es importante recordar que el proceso de duelo es único para cada individuo y que no hay una forma "correcta" de hacerlo. Está bien sentir una amplia gama de emociones y tomarte el tiempo que necesites para sanar y superar el dolor de tu pérdida. Si te cuesta lidiar con tu dolor, puede ser útil buscar apoyo profesional de un terapeuta o consejero.

Entendiendo la Pérdida examina las formas en que la pérdida es una herida.

El Anestésico de la Naturaleza analiza más de cerca el shock y la negación y cómo lidiar con ello.

Las Muchas Caras de la Ira revela la necesidad de la fase de ira en el duelo y cómo hacer que esta etapa del proceso de curación funcione de manera positiva para quien está en duelo.

Haciendo un Trato con Dios explora la fase de negociación en el duelo y las oportunidades que ofrece para el crecimiento personal y una mayor curación.

En el Valle de la Sombra revela cómo ganar fuerza y perspectiva a partir de la fase de depresión en el proceso de duelo.

Los estragos del remordimiento trata sobre los sentimientos de culpa y los efectos paralizantes que pueden tener en el proceso de sanación.

Volver a la luz del sol muestra cómo nutrir la esperanza y encontrar renovación en la fase de aceptación del duelo.

El proceso de duelo no puede ser apresurado. Toma mucho tiempo, generalmente un año o más. Puede ser el dolor más puro que una persona pueda experimentar. Las siguientes son las etapas del duelo comúnmente experimentadas. Es posible que no experimentes todas estas etapas, y no necesariamente en este orden. Sin embargo, es importante darte cuenta de que lo que estás sintiendo es **NATURAL**, y comenzarás a sanar.

Shock: sensación de entumecimiento, sin mostrar miedo ni emociones.

Liberación emocional: en algún momento comenzando a sentir dolor y sufrimiento.

Preocupación: dificultad para pensar en otras cosas.

Angustia física y emocional: insomnio, sensación de opresión en la garganta, sensación de ahogo, falta de aliento, suspiros, una sensación de vacío y hueco en el estómago, falta de poder muscular, síntomas digestivos, poco apetito, una ligera sensación de irrealidad, distancia emocional, pánico y pensamientos de autodestrucción.

Reacciones hostiles: manifestación de hostilidad injustificada.

Culpa: sensación de ser responsable por no tomar medidas para prevenir la situación.

Depresión: sentimientos de desesperación, soledad insoportable e impotencia.

Retiro: alejarse de las relaciones sociales.

Reingreso a las relaciones: después de un período de tiempo, la persona en duelo restablece las viejas relaciones y comienza a formar nuevas.

Resolución y reajuste: esto llega gradualmente; los recuerdos siguen ahí; el amor sigue ahí; y comienza la sanación.

RESPUESTAS COMUNES AL DUELO

El duelo es una experiencia compleja e individual, y las personas pueden responder a él de diferentes maneras. Sin embargo, existen algunas respuestas comunes al duelo que muchas personas experimentan. Aquí hay algunas:

1. **Negación**: En las primeras etapas del duelo, es común sentir incredulidad o negación sobre la pérdida. Esto puede implicar sentir que la persona aún está viva o esperar que regrese.
2. **Ira**: También es común sentir ira como respuesta a la pérdida. Esto puede implicar sentir ira hacia la persona fallecida, hacia uno mismo, hacia los demás o hacia la situación misma.
3. **Negociación**: Algunas personas pueden intentar negociar con un poder superior o consigo mismas para deshacer la pérdida o hacerla menos dolorosa.
4. **Depresión**: El duelo también puede llevar a sentimientos de tristeza, desesperanza e impotencia. Estos sentimientos pueden ser intensos y duraderos, y pueden interferir con el funcionamiento diario.
5. **Aceptación**: Con el tiempo, muchas personas pueden llegar a un lugar de aceptación sobre la pérdida. Esto no significa que ya no sientan tristeza o dolor, sino que han

encontrado una forma de vivir con ello e integrarlo en sus vidas.

Es importante notar que estas respuestas al duelo pueden variar ampliamente dependiendo del individuo y su experiencia personal. Además, no hay una forma "correcta" de hacer el duelo, y las personas pueden experimentar diferentes emociones o respuestas en diferentes momentos durante el proceso de duelo.

Observarás que las respuestas comunes al duelo se parecen mucho a las respuestas al proceso de morir:

Una sensación de opresión en la garganta o pesadez en el pecho.

Una sensación de vacío en el estómago y pérdida de apetito.

Intranquilidad y necesidad de actividad, acompañada de la incapacidad de concentrarse.

Una sensación de que la pérdida no es real, de que no ocurrió realmente.

Una sensación de la presencia del ser perdido, como si esperas que entre por la puerta, escuchar su voz o ver su rostro.

Vagar sin rumbo, olvido e incapacidad de terminar lo que has comenzado a hacer en casa.

Dificultad para dormir, frecuentes sueños sobre el incidente o incidencias relacionadas.

Tendencia a asumir los gestos o características de tu ser querido fallecido.

Ira intensa hacia tu ser querido por haberte dejado.

Una intensa preocupación por la vida de tu ser querido fallecido.

Necesidad de cuidar a otras personas a tu alrededor.

Necesidad de contar, volver a contar y recordar cosas sobre el fallecido o el incidente.

Llorar en momentos inesperados.

Todas estas son respuestas naturales y normales al duelo. Es importante llorar y hablar con las personas cuando lo necesites.

ESTRATEGIAS DE APOYO

"La primera pregunta que el sacerdote y el levita se hicieron fue:

'Si me detengo a ayudar a este hombre, ¿qué me pasará a mí?' Pero... el Buen Samaritano invirtió la pregunta:

'Si no me detengo a ayudar a este hombre, ¿qué le pasará a él?' Martin Luther King Jr.

Ayudar a los demás (Qué hacer y qué no hacer):

HACER... Orar continuamente, por la persona y por tu conversación y contactos, para que puedas ser un agente de sanación por el Espíritu Santo.

Estar presente con la persona. Hazte disponible y hazle saber a la persona que estás allí simplemente porque te importa.

Satisfacer necesidades prácticas. Es bueno ofrecer y proporcionar víveres u otros artículos, pero sé sensible a lo que realmente necesitan.

Aceptar y validar los sentimientos expresados. Son sus verdaderos sentimientos, incluso si están dirigidos a Dios o parecen ser una crisis de fe. Los problemas, actitudes y cuestiones se pueden tratar con el tiempo.

Estar allí a largo plazo. Hazles saber a los demás que te importa y permite que ellos marquen el ritmo de las conversaciones y las relaciones.

Permitirles cuestionar a Dios y las cosas espirituales. Está bien decir que no estás de acuerdo con una afirmación que hagan enojados, siempre que lo limites a tu punto de vista y no intentes "corregir" su visión de Dios teológicamente en este momento.

Usar un toque reconfortante. Un abrazo o una palmada en el hombro sí ayuda.

Evitar la curiosidad. Detalles inapropiados sobre el crimen.
Escuchar lo que los demás realmente quieren decir, no solo lo que dicen.

Ser sensible a sus necesidades emocionales cuando hables.
Usar un sentido del humor cuando sea apropiado.

Cuidarte a ti mismo con tiempo libre y buscando apoyo de los demás.

Usar las artes creativas para ayudar a los demás a expresar sus sentimientos (poesía, canciones, etc.).

Encontrar versículos bíblicos para compartir. La palabra usada de manera sensible, sabia y apropiada tratará con los demás donde se encuentran.

Entender tu rol en el proceso de sanación. Mira el pasaje del Buen Samaritano (Lucas 10:25-37).

NO HACER... Culpar a la víctima. Evita preguntas o afirmaciones que apunten a los "factores contribuyentes" de la situación.

Suponer que sabes cómo definir el perdón. No es olvidar, como constantemente nos dicen.

Apresurar el perdón. El perdón es mandado por Dios, pero apresurarlo puede ser interpretado como manipulación de la situación. Usar lugares comunes. Las afirmaciones enlatadas solo hacen sentir bien al cuidador, y menosprecian a los demás.

Poner expectativas de ningún tipo. Con frecuencia, los sobrevivientes necesitan recuperar su propia capacidad para afrontar la vida e incluso las cosas cotidianas. Poner expectativas sobre ellos les roba el poder para afrontar.

Intellectualizar o teologizar su situación. Ninguna de estas cosas ayudará al crecimiento emocional o espiritual. La mayoría de las veces, las afirmaciones intelectuales o teológicas no son tan objetivas como se pensaron que serían.

Esperar que el duelo sea un proceso fácil paso a paso. El duelo funciona de manera diferente según las situaciones y las personas. Puede haber características que debamos entender, pero nadie pasará por ellas de la misma manera que otra persona.

Distanciar o aislar a los demás. Es nuestra tendencia natural alejarnos de aquellos que han pasado por algo horrible o algo que no entendemos. Acércate a ellos como un amigo.

Involucrarse demasiado. Es fácil involucrarse emocionalmente en el estado emocional de alguien o sentir que debes compartir su dolor para poder ayudarlos.

Decir que entiendes. Nadie entiende la singularidad del dolor o la circunstancia de otro. Intenta comprender, pero no pretendas que lo haces.

Atiborrar a los demás de actividades. Es fácil para nosotros ocuparnos para olvidar el dolor, pero eso no lo trata. Mantén a los demás ocupados lo suficiente como para que se sientan parte de la comunidad, pero también permíteles descansar y procesar contigo en los días difíciles.

Transmitir información. Pide permiso para compartir lo que puedas con otros y qué tipo de atención desea el sobreviviente.

CAPÍTULO 09

LA MUERTE Y LAS GENERALIDADES CULTURALES

La muerte es una experiencia universal, pero las actitudes y creencias culturales sobre la muerte pueden variar considerablemente. Aquí hay algunas generalidades culturales relacionadas con la muerte:

1. **Creencias sobre la vida después de la muerte:** Muchas culturas tienen creencias sobre lo que sucede con el alma o el espíritu después de la muerte. Algunas creen en una vida después de la muerte, mientras que otras creen en la reencarnación o en que el espíritu vive de alguna otra forma.
2. **Rituales funerarios:** Los funerales y otros rituales de la muerte pueden variar ampliamente entre las culturas. Algunas culturas tienen rituales funerarios elaborados que incluyen ropa, música o decoraciones específicas, mientras que otras tienen rituales más simples o privados.

3. **Prácticas de luto:** Las prácticas de luto también pueden variar considerablemente entre culturas. Algunas culturas tienen períodos o rituales de luto específicos, mientras que otras pueden no tener prácticas de luto formalizadas.

4. **Creencias sobre la muerte y el morir:** Las creencias culturales sobre la muerte y el morir también pueden variar ampliamente. Algunas culturas pueden ver la muerte como una parte natural de la vida, mientras que otras pueden considerarla un tema tabú.

5. **Tratamiento del fallecido:** El tratamiento del fallecido también puede variar entre culturas. Algunas culturas entierran o creman a los fallecidos, mientras que otras practican entierros en el aire o otros métodos.

Es importante señalar que estas son generalidades y que las actitudes y creencias individuales pueden variar considerablemente incluso dentro de una misma cultura. Además, las actitudes y creencias culturales sobre la muerte pueden cambiar con el tiempo.

A continuación se presentan algunas declaraciones generales sobre las culturas étnicas relacionadas con la muerte:

La tradición hispánica tiende a apoyar a la familia y los amigos, incluidos los niños. Se pasa tiempo con el fallecido antes del entierro. El toque, el vestir y el arreglo del cuerpo son normales. Las expresiones externas de dolor son comunes, incluyendo el llanto y, a veces, los desmayos. Hay mucha actividad y participan personas de todas las edades. Se hacen promesas al fallecido, que suelen cumplirse. Sí, esto es correcto. En muchas culturas hispánicas, la familia y la comunidad son muy importantes, y esto se extiende a la forma en que se aborda y procesa la muerte. Tradicionalmente, la familia y los amigos pasarán tiempo con el fallecido antes del entierro, tocando y arreglando el cuerpo como una forma de despedirse. Las expresiones externas de dolor, como llorar y desmayarse, a menudo se ven como formas naturales y aceptables de expresar emociones. En algunas culturas hispánicas, puede haber mucha actividad en torno a la muerte y el luto, y personas de todas las edades pueden estar involucradas en el proceso. Además, es común hacer promesas al fallecido, como prometer continuar su legado o cuidar de los seres queridos, y estas promesas suelen tomarse muy en serio y se cumplen en la comunidad.

Las influencias africanas cubren una amplia variedad de tradiciones y abarcan muchas generaciones. En general, existe un sistema de apoyo de familiares y amigos. Inmediatamente después de la muerte, los amigos cercanos y los miembros de la familia suelen reunirse en la casa del fallecido para ofrecer condolencias y consolar a los familiares cercanos. Los inmigrantes recientes tienden a tener expresiones de dolor más abiertas que las personas con una herencia estadounidense más larga. Sin embargo, en muchas culturas africanas, la familia y la comunidad son muy importantes, y esto se extiende a la forma en que se aborda y procesa la muerte.

Inmediatamente después de la muerte, es común que amigos cercanos y familiares se reúnan en la casa del fallecido para ofrecer condolencias y apoyo a los familiares cercanos. Esto puede incluir prácticas tradicionales de luto, como cantar, bailar y compartir historias sobre el fallecido. En algunas culturas africanas, también es común que las personas usen ropa o joyas específicas como señal de luto. Los inmigrantes recientes a los Estados Unidos pueden tener expresiones de dolor más abiertas y pueden seguir practicando rituales tradicionales de luto, mientras que aquellos con una herencia estadounidense más larga pueden haberse adaptado a prácticas de luto más occidentalizadas. Es importante notar que estas son generalidades y que las actitudes y creencias individuales pueden variar considerablemente incluso dentro de un grupo cultural.

Las comunidades asiáticas tienen una amplia variedad de tradiciones de muerte y luto que pueden variar en gran medida dependiendo de la cultura y religión específica. Sin embargo, hay algunos temas comunes que se observan en muchas tradiciones asiáticas.

El respeto por el fallecido y su bienestar es un aspecto fundamental en muchas culturas asiáticas. En algunas culturas, es tradicional mantener el cuerpo del fallecido en casa durante varios días después de la muerte, y los miembros de la familia pueden ofrecer comida e incienso al fallecido como señal de respeto. También es común que los miembros de la familia participen en la preparación del cuerpo para el entierro o la cremación, incluyendo el lavado y el vestido del cuerpo.

En muchas culturas asiáticas, existen rituales específicos de luto que se siguen en los días o semanas después de una muerte, como el uso de ropa o joyas específicas, abstenerse de ciertas actividades u ofrecer oraciones e incienso. Muchas culturas asiáticas también creen en la importancia de la veneración de los ancestros, que implica honrar y recordar a los ancestros fallecidos como una manera de mantener las conexiones familiares y mostrar respeto por las generaciones anteriores.

Es importante notar que las comunidades asiáticas son diversas y existe una amplia variedad de creencias y prácticas relacionadas con la muerte y el luto. Sin embargo, el respeto por el fallecido y su bienestar es un tema común que se observa en muchas culturas asiáticas.

Los ancianos vietnamitas quieren morir en casa, no en el hospital ni en otro lugar. Cuando una persona muere, su cuerpo generalmente será enterrado bajo tierra. Si se prefiere la cremación, la familia lo cumplirá. En la cultura vietnamita, es común que los ancianos expresen su preferencia por morir en casa en lugar de en un hospital o en otro centro médico. Esto se debe a que el hogar se ve como un lugar de confort y familiaridad, y muchos ancianos pueden sentirse más cómodos rodeados de su familia y seres queridos.

Después de la muerte de una persona, es tradicional en la cultura vietnamita enterrar el cuerpo bajo tierra. Sin embargo, si el fallecido había expresado su preferencia por la cremación, la familia normalmente honraría esta solicitud. En la cultura vietnamita, también es común que los miembros de la familia y los seres queridos participen en la preparación del cuerpo para el entierro o la cremación, incluido el lavado y vestido del cuerpo.

Además, la cultura vietnamita pone un gran énfasis en honrar y recordar a los ancestros. Esto puede implicar rituales como ofrecer comida e incienso al fallecido o participar en servicios conmemorativos en aniversarios o días festivos importantes.

Es importante señalar que las creencias y prácticas individuales pueden variar dentro de la cultura vietnamita y que no todos los vietnamitas pueden seguir estas tradiciones. Sin embargo, la preferencia por morir en casa y honrar a los ancestros son valores culturales importantes que a menudo se observan en las comunidades vietnamitas.

Los ancianos camboyanos y laosianos prefieren estar en casa con sus familias cuando mueren. Sin embargo, la cremación es generalmente preferida sobre el entierro. Las cenizas a veces se guardan en la casa familiar. En la cultura camboyana y laosiana, es común que los ancianos expresen su preferencia por morir en casa rodeados de su familia y seres queridos. Los miembros de la familia y amigos cercanos pueden reunirse para ofrecer apoyo, oraciones y consuelo durante el proceso de morir.

Después de la muerte, el cuerpo generalmente se prepara para la cremación, que es el método preferido de disposición en estas culturas. La cremación se ve como una forma de liberar el alma del cuerpo físico y permitirle pasar a la siguiente vida. Las cenizas pueden guardarse en una urna, que a menudo se muestra en la casa familiar y se trata con reverencia y respeto.

Además, las culturas camboyana y laosiana ponen un gran énfasis en la veneración de los ancestros y la importancia de mantener fuertes lazos familiares. La veneración de los ancestros implica ofrecer comida, incienso y otros obsequios para honrar y recordar a los seres queridos fallecidos. Los miembros de la familia también pueden participar en ceremonias anuales de conmemoración y otros rituales para rendir homenaje a sus ancestros y mantener su memoria viva.

Es importante señalar que las creencias y prácticas individuales pueden variar dentro de las culturas camboyana y laosiana y que no todos los individuos pueden seguir estas tradiciones. Sin embargo, la preferencia por morir en casa, la cremación y la veneración de los ancestros son valores culturales importantes que a menudo se observan en estas comunidades.

Los ancianos H'Mong prefieren estar en casa y con sus familias cuando mueren. Tradicionalmente, prefieren el entierro. En la cultura H'Mong, hay un gran énfasis en el apoyo familiar y comunitario durante la atención al final de la vida y después de la muerte. Los ancianos H'Mong suelen preferir morir en casa, rodeados de sus seres queridos. Los miembros de la familia y amigos cercanos a menudo se reúnen para ofrecer consuelo, oraciones y apoyo durante el proceso de morir.

Después de la muerte, los H'Mong tradicionalmente prefieren el entierro en lugar de la cremación. El cuerpo generalmente se prepara lavándolo y vistiéndolo con ropa tradicional. El entierro puede ir precedido de una ceremonia funeraria que incluye ofrendas de comida y otros artículos al fallecido, así como oraciones y rituales para honrar su vida y memoria.

Es importante señalar que las creencias y prácticas individuales pueden variar dentro de la comunidad H'Mong y que algunos H'Mong pueden elegir la cremación u otras formas de disposición. Sin embargo, el entierro y la importancia del apoyo familiar y comunitario durante la atención al final de la vida y después de la muerte son valores culturales importantes que a menudo se observan en la cultura H'Mong.

El comportamiento judío está guiado por dos principios básicos. Todas las leyes y costumbres para tratar a los muertos están destinadas a garantizar que el cuerpo sea tratado con respeto y dignidad. La fe y la cultura judía apoyan firmemente las necesidades emocionales de los dolientes y el bienestar de los sobrevivientes. El entierro generalmente se realiza dentro de las 24 horas. El cuerpo es lavado y alguien permanece con el cuerpo durante toda la noche.

En la tradición judía, hay un fuerte énfasis en tratar el cuerpo del fallecido con respeto y dignidad, así como en apoyar las necesidades emocionales de los dolientes y los seres queridos sobrevivientes.

Después de que una persona judía fallece, el cuerpo generalmente se lava y se viste con ropa simple y sencilla. Un miembro cercano de la familia o un miembro de la sociedad funeraria judía (Chevra Kadisha) realizará esta purificación ritual, conocida como *tahara*. Luego, el cuerpo se coloca en un ataúd de madera simple y no se embalsama.

La ley y las costumbres judías dictan que el entierro debe realizarse lo antes posible después de la muerte, generalmente dentro de las 24 horas. Esto es para honrar la dignidad del fallecido y asegurar un rápido retorno a la tierra. Los dolientes generalmente guardan *shiva*, un período de luto intenso, durante siete días después del entierro. Durante este tiempo, amigos y familiares visitan a los dolientes para ofrecer consuelo y apoyo.

Es importante notar que hay una gran diversidad dentro de la comunidad judía y que las prácticas pueden variar dependiendo de factores como la denominación, el trasfondo cultural y las creencias personales. Sin embargo, los principios de respeto por el fallecido y apoyo a los vivos son valores fundamentales que comparten muchos judíos.

Las tradiciones protestantes estadounidenses tienden a no querer involucrar a otros miembros de la familia o amigos. A menudo, se puede escuchar que aíslan sus sentimientos en una crisis. Tratan de "proteger" a los demás de conocer la verdad, particularmente a los niños. Es importante señalar que, si bien algunos individuos dentro de las tradiciones protestantes estadounidenses pueden exhibir estos comportamientos, no es una característica universal. Diferentes individuos dentro de la misma tradición pueden tener respuestas diferentes ante la muerte y el luto. Además, las tradiciones protestantes son diversas e incluyen muchas denominaciones y creencias diferentes, por lo que es difícil hacer generalizaciones sobre todas ellas. Es importante acercarse a cada individuo y familia con sensibilidad y respeto por sus perspectivas culturales y religiosas únicas sobre la muerte y el luto.

Todas las personas, independientemente de su origen cultural, pueden ser sensibles o reactivas a las personas que los rodean cuando un ser querido muere, sin importar las circunstancias que rodean la muerte.

Prácticas varias de grupos religiosos respecto a la muerte

Aquí hay algunos ejemplos de diversas prácticas de grupos religiosos respecto a la muerte:

1. **Cristianismo**: Los cristianos generalmente creen en una vida después de la muerte, y la muerte se ve como una transición a la vida eterna. Las diferentes denominaciones tienen creencias variadas sobre lo que sucede después de la muerte, pero la mayoría de los cristianos cree en un día de juicio, donde las personas son juzgadas de acuerdo con sus actos durante su vida. Los servicios funerarios cristianos suelen incluir oraciones, himnos y lecturas de las escrituras, y pueden incluir una eulogía o recuerdo de un familiar o amigo.
2. **Islam**: Los musulmanes creen que la muerte es una parte natural de la vida y que está predestinada por Alá. El

cuerpo se lava y se envuelve en un simple sudario blanco antes del entierro. El funeral generalmente se lleva a cabo dentro de las 24 horas posteriores a la muerte, y el cuerpo se entierra mirando hacia La Meca. Amigos y familiares ofrecen condolencias a la familia del fallecido y recitan oraciones.

3. **Hinduismo**: Los hindúes creen en la reencarnación y que el alma continúa renaciendo en diferentes cuerpos físicos después de la muerte. Cuando una persona muere, su cuerpo generalmente se crema y las cenizas se esparcen en un cuerpo de agua sagrada. Las costumbres de luto pueden variar según la región, pero generalmente incluyen un período de luto para la familia.

4. **Budismo**: Los budistas creen en la reencarnación y que la muerte es una parte natural del ciclo de nacimiento y renacimiento. Los funerales suelen ser sencillos e incluyen cánticos y meditación. El cuerpo generalmente se crema, y las cenizas a veces se guardan en un altar familiar o se dispersan en un lugar especial.

5. **Judaísmo**: Los funerales judíos generalmente ocurren dentro de las 24 horas posteriores a la muerte y son realizados por un rabino. El cuerpo se lava y se viste con un simple sudario blanco. Amigos y familiares ofrecen condolencias a la familia del fallecido y pueden recitar oraciones. El cuerpo se entierra en un ataúd de madera simple sin bóveda para que pueda descomponerse naturalmente.

Estos son solo algunos ejemplos de las diversas prácticas de grupos religiosos respecto a la muerte. Es importante acercarse a cada individuo y familia con sensibilidad y respeto por sus perspectivas culturales y religiosas únicas sobre la muerte y el luto.

JUDAÍSMO (CONSERVADOR) La muerte ocurre cuando la respiración y la circulación se detienen de manera irreversible y no hay movimiento aparente. No se fomenta hablar ni conversar sobre la muerte, a menos que sea iniciado por el paciente. Alguien debe estar presente cuando ocurre la muerte. El cuerpo no debe quedarse solo hasta ser enterrado. El cuerpo debe permanecer intacto durante 8 a 30 minutos después de la muerte. El personal médico no debe lavar el cuerpo, pero puede hacerlo a petición de la familia. Solo las personas ortodoxas o la Sociedad Funeraria Judía deben cuidar del cuerpo. (Esto también puede ser realizado por un director de funerarias judías designado por la comunidad.) Los espejos pueden ser cubiertos para indicar que ha ocurrido la muerte. Los judíos ortodoxos no aprueban las autopsias. La donación de órganos es aceptable para la mayoría de los judíos. La cremación es inaceptable para los judíos ortodoxos conservadores. El cuerpo debe ser enterrado lo antes posible, dentro de uno o dos días.

CRISTIANOS CATÓLICOS ROMANOS Las personas enfermas son ungidas con aceite por un sacerdote. El propósito de este sacramento es la sanación y la fuerza para soportar el sufrimiento. Las personas también son ungidas en el momento de la muerte. El término "Últimos Ritos" no se utiliza. Un sacerdote debe ser contactado tan pronto como sea evidente la muerte inminente. También puede hacerse tan pronto como sea posible después de la muerte. Medallas religiosas, rosarios, etc., pueden ser prendidos a la prenda del paciente. Se permite la donación de órganos y las autopsias. La enfermera que atiende la muerte del paciente debe anotar en el plan de atención que se administraron los sacramentos de la unción.

CRISTIANOS ORTODOXOS ORIENTALES Los últimos ritos son obligatorios. Un sacerdote debe ser notificado mientras el paciente aún está consciente. Las autopsias y la donación de órganos no son fomentadas. La cremación es desalentada.

OTROS CRISTIANOS La mayoría de las denominaciones consideran importantes la oración y la lectura de las escrituras en el momento de la muerte. El clero puede ser notificado si lo solicita el paciente o la familia. Se anima a los familiares y laicos a rezar en el momento de la muerte. Las opiniones sobre las autopsias y la donación de órganos varían; sin embargo, la mayoría aceptaría estas prácticas.

MUSULMANES La cremación está prohibida. El entierro debe realizarse dentro de 24 a 48 horas. Se debe preservar la modestia del enfermo y de la persona vestida. El cuerpo debe ser preparado por un musulmán según la tradición. Es contrario a la tradición musulmana "llorar en voz alta". Se cree que el fallecido es castigado debido al lamento de la familia.

NATIVOS AMERICANOS Las costumbres varían ampliamente dependiendo de la tribu y el grado en que la familia practica. Algunas tribus tienen personas designadas que preparan el cuerpo. Sea sensible al tocar y mover el cuerpo. Pregunte a la familia y otros miembros del personal para obtener más información.

CAPÍTULO 10

CÓDIGOS DE VESTIMENTA EN HOSPITALES, RESIDENCIAS DE ANCIANOS Y HOSPICIOS

Los códigos de vestimenta en hospitales, residencias de ancianos y hospicios pueden variar según las políticas de la institución y el rol del individuo dentro de la instalación. Aquí hay algunas pautas generales:

1. **Ropa de trabajo**: Los profesionales de la salud, como enfermeras, médicos y otros miembros del personal clínico, suelen usar ropa de trabajo. Esta es ropa especialmente diseñada que es fácil de limpiar y puede ayudar a prevenir la propagación de infecciones. El color y estilo de la ropa de trabajo puede variar según la institución, el departamento o el rango del trabajador de la salud.

2. **Uniformes**: Algunas instalaciones de salud requieren que el personal no clínico, como el personal de limpieza, de cocina y administrativo, use uniformes. Estos pueden incluir camisetas polo, blusas o túnicas de colores o diseños específicos.
3. **Ropa de negocios**: Se puede requerir que los visitantes, familiares y voluntarios se vistan con ropa de negocios, particularmente en ciertas áreas del hospital o residencia de ancianos. Esto puede incluir camisas con cuello, pantalones, faldas o vestidos. También se recomienda usar zapatos cerrados y cómodos.
4. **Ropa religiosa**: Los pacientes, visitantes y miembros del personal pueden necesitar adherirse a ciertos códigos de vestimenta según sus creencias religiosas. Por ejemplo, las mujeres musulmanas pueden usar pañuelos en la cabeza, y los hombres sikhs pueden usar turbantes. Las instalaciones pueden tener políticas específicas respecto a los códigos de vestimenta religiosa para garantizar la seguridad y comodidad de todos los involucrados.

Es importante seguir las políticas de códigos de vestimenta en entornos de atención médica para mantener un ambiente profesional y seguro.

Aquí hay algunas reglas generales que asegurarán una vestimenta apropiada:

1. La ropa debe estar limpia, ordenada y bien ajustada.
2. Evitar ropa que sea demasiado reveladora o demasiado casual (como pantalones cortos o camisetas sin mangas).
3. Evitar ropa con lenguaje o gráficos ofensivos.
4. Se recomienda generalmente usar zapatos cerrados para proteger los pies y evitar resbalones.
5. Evitar joyas o accesorios excesivos que puedan representar un peligro de seguridad o distraer.
6. Considerar las normas culturales y religiosas del paciente y su familia al elegir la vestimenta.

7. La ropa de trabajo es apropiada para los profesionales de la salud en entornos clínicos.

8. Se puede requerir el uso de batas blancas u otra ropa identificatoria para ciertos profesionales de la salud.

9. Seguir cualquier código de vestimenta o requisito de uniforme específico de la instalación de atención médica o del hospicio.

10. Evitar usar perfumes fuertes o aromas que puedan molestar a los pacientes con problemas respiratorios o alergias.

NO…

1. No usar ropa ajustada o ceñida al cuerpo.
2. No usar escotes bajos.
3. Evitar camisetas con emblemas y lemas como prenda exterior.
4. No usar ropa relacionada con pandillas.
5. No usar ropa transparente o reveladora.
6. No usar pantalones cortos.
7. No usar lociones, colonias, aceites, etc. fuertes.

Para mujeres:

1. Los vestidos o faldas deben llegar por debajo de la rodilla.
2. Evitar ropa que revele las tiras de la ropa interior. (Algunas instituciones prohíben los vestidos y blusas sin mangas por esta razón).
3. No usar lociones fuertes, perfumes, aceites, etc.
4. Maquillaje modesto.

En general, use ropa apropiada para el mundo empresarial. Los ministros ordenados o licenciados deben usar ropa cívica.

¿CUÁNDO LOS CAPELLANES VOLUNTARIOS DEBERÍAN USAR SUS INSIGNIAS? Como capellán voluntario, se le proporcionará una tarjeta de identificación y una insignia de capellán. Estas son propiedad de la capellanía y pueden ser revocadas si su conducta no es aceptable para la organización. Le pedimos que lea, revise y se adhiera a las reglas sobre este artículo. Son las siguientes: Los capellanes voluntarios pueden usar insignias o identificación cuando estén sirviendo en hospitales, hospicios, prisiones u otras instituciones. Las insignias o identificaciones pueden ayudar a identificarlos como parte del equipo de capellanía y permitirles acceder a áreas restringidas. Sin embargo, el uso de insignias o identificación puede variar según las políticas y procedimientos de la institución. Es importante que los capellanes voluntarios consulten con la institución en la que están sirviendo para determinar si se requiere o recomienda el uso de una insignia o identificación.

i. Mantenga sus tarjetas de identificación e insignias con usted en todo momento.
ii. Presente las tarjetas de identificación a las instituciones cuando se lo soliciten.
iii. No cuelgue las tarjetas de identificación en el cuello.
iv. Use insignias de identificación, si las instituciones donde está sirviendo lo permiten (hospitales, prisiones, cárceles, etc.).
v. No use la insignia en lugares públicos (aeropuertos, supermercados, fiestas, picnics, etc.).
vi. Use insignias en funciones oficiales donde estén presentes los capellanes.
vii. No use insignias en la iglesia, a menos que haya una función específica que involucre a los capellanes.
viii. Las insignias pueden usarse durante clases de capacitación, conferencias de la Capellanía del Pacto Unido, ceremonias de graduación, etc.
Si no está seguro de cuándo usar su insignia... ¡PREGUNTE!

CONCLUSIÓN

Los capellanes son personas que brindan apoyo espiritual y emocional a las personas en diversos entornos, como hospitales, hospicios, prisiones, organizaciones militares y universidades. A menudo, son miembros de un grupo religioso, pero su trabajo no se limita a personas de su propia fe. En cambio, sirven a personas de todas las religiones o incluso a aquellas sin fe alguna. Los atributos de los capellanes varían según su entorno y la población a la que sirven. Sin embargo, existen algunos atributos generales que la mayoría de los capellanes poseen:

1. **Empatía**: Los capellanes deben ser empáticos para ser efectivos. Necesitan ser capaces de entender y sentir las emociones de los demás sin sentirse abrumados ni perder su objetividad. La empatía es un rasgo esencial que ayuda a los capellanes a conectarse con los pacientes y sus familias, y les

ayuda a proporcionar apoyo emocional durante tiempos difíciles.

2. **Escucha activa**: Los capellanes deben ser oyentes activos que puedan proporcionar un espacio seguro y compasivo para que las personas expresen sus pensamientos y sentimientos. Escuchan sin juzgar ni interrumpir y permiten que los pacientes hablen a su propio ritmo. Esto ayuda a que los pacientes se sientan escuchados, respetados y comprendidos.

3. **Competencia cultural**: Los capellanes deben ser culturalmente competentes y tener un profundo entendimiento de diversas creencias, tradiciones y valores. Deben ser capaces de trabajar con personas de diferentes culturas y religiones, y respetar sus creencias y prácticas.

4. **Habilidades de comunicación**: Los capellanes deben tener excelentes habilidades de comunicación, tanto verbales como no verbales. Necesitan ser capaces de comunicarse de manera clara, efectiva y respetuosa con los pacientes, las familias y los profesionales de la salud. Buenas habilidades de comunicación también ayudan a los capellanes a generar confianza y empatía con los pacientes y sus familias.

5. **Profesionalismo**: Los capellanes deben ser profesionales en sus interacciones con los pacientes, las familias y los profesionales de la salud. Mantienen la confidencialidad y respetan la privacidad de los pacientes y sus familias. También siguen pautas éticas y códigos de conducta en su trabajo.

6. **Flexibilidad**: Los capellanes deben ser flexibles y adaptarse a las cambiantes necesidades de los pacientes y sus familias. Es posible que necesiten trabajar largas horas, en diferentes entornos o proporcionar apoyo a personas con diferentes necesidades. Ser flexible ayuda a los capellanes a ajustarse a diversas situaciones y a brindar la mejor atención posible a los pacientes y sus familias.

7. **Profundidad espiritual**: Los capellanes deben tener una comprensión profunda de la espiritualidad y su papel en la vida de las personas. Necesitan ser capaces de brindar

apoyo y orientación espiritual a los pacientes y sus familias, independientemente de su fe o sistema de creencias. Los capellanes pueden ayudar a las personas a encontrar significado, propósito y esperanza durante tiempos difíciles.

8. **Autoconciencia**: Los capellanes deben ser autoconscientes y reconocer sus propios prejuicios, valores y limitaciones. Deben ser capaces de gestionar sus propias emociones y reacciones frente a las situaciones de los pacientes y proporcionar apoyo sin juicio ni sesgo personal.

9. **Trabajo en equipo**: Los capellanes deben ser capaces de trabajar de manera colaborativa con otros profesionales de la salud y el personal de apoyo para brindar una atención integral a los pacientes y sus familias. Deben estar dispuestos a compartir información y colaborar con otros para garantizar que se cumplan las necesidades de los pacientes.

10. **Resiliencia**: Los capellanes deben ser resilientes y capaces de afrontar las demandas emocionales de su trabajo. Pueden encontrarse con situaciones difíciles y emociones desafiantes de pacientes y sus familias. Ser resiliente ayuda a los capellanes a mantener su equilibrio emocional y a brindar apoyo a los pacientes y sus familias sin sentirse abrumados.

En conclusión, los capellanes son una parte esencial del equipo de atención médica, proporcionando apoyo emocional y espiritual a los pacientes y sus familias durante momentos difíciles. Para ser efectivos, deben poseer atributos como empatía, escucha activa, competencia cultural, habilidades de comunicación, profesionalismo, flexibilidad, profundidad espiritual, autoconciencia, trabajo en equipo y resiliencia. Al incorporar estos atributos, los capellanes pueden ofrecer una atención compasiva a personas de todas las religiones y orígenes.

www.ingramcontent.com/pod-product-compliance
Lightning Source LLC
LaVergne TN
LVHW010927051026
849532LV00003B/882
* 9 7 9 8 3 4 8 4 4 4 2 2 8 *